中阿含经

中国佛学经典宝藏

1

梁晓虹 释译

星云大师总监修

人民东方出版传媒

东方出版社

图书在版编目（CIP）数据

中阿含经 / 梁晓虹 释译 . — 北京：东方出版社，2015.9
（中国佛学经典宝藏）
ISBN 978 - 7 - 5060 - 8653 - 0

Ⅰ.①中… Ⅱ.①梁… Ⅲ.①阿含②《中阿含经》— 注释③《中阿含经》— 译文
Ⅳ.① B942.2

中国版本图书馆 CIP 数据核字 (2015) 第 267881 号

中阿含经
（ZHONG AHANJING）

释 译 者：梁晓虹
责任编辑：查长莲
出　　版：东方出版社
发　　行：人民东方出版传媒有限公司
地　　址：北京市东城区朝阳门内大街 166 号
邮政编码：100010
印　　刷：华睿林（天津）印刷有限公司
版　　次：2016 年 10 月第 1 版
印　　次：2025 年 3 月第 6 次印刷
开　　本：880 毫米 ×1230 毫米　1/32
印　　张：10.5
字　　数：185 千字
书　　号：ISBN 978 - 7 - 5060 - 8653 - 0
定　　价：45.00 元
发行电话：（010）85924663　85924644　85924641

总序

星云

自读首楞严，从此不尝人间糟糠味；

认识华严经，方知已是佛法富贵人。

诚然，佛教三藏十二部经有如暗夜之灯炬、苦海之宝筏，为人生带来光明与幸福，古德这首诗偈可说一语道尽行者阅藏慕道、顶戴感恩的心情！可惜佛教经典因为卷帙浩瀚、古文艰涩，常使忙碌的现代人有义理远隔、望而生畏之憾，因此多少年来，我一直想编纂一套白话佛典，以使法雨均沾，普利十方。

一九九一年，这个心愿总算有了眉目。是年，佛光山在中国大陆广州市召开"白话佛经编纂会议"，将该套丛书定名为《中国佛教经典宝藏》①。后来几经集思广

---

① 编者注:《中国佛教经典宝藏》丛书，大陆出版时改为《中国佛学经典宝藏》丛书。

益，大家决定其所呈现的风格应该具备下列四项要点：

一、启发思想：全套《中国佛教经典宝藏》共计百余册，依大乘、小乘、禅、净、密等性质编号排序，所选经典均具三点特色：

1. 历史意义的深远性
2. 中国文化的影响性
3. 人间佛教的理念性

二、通顺易懂：每册书均设有原典、注释、译文等单元，其中文句铺排力求流畅通顺，遣词用字力求深入浅出，期使读者能一目了然，契入妙谛。

三、文简意赅：以专章解析每部经的全貌，并且搜罗重要的章句，介绍该经的精神所在，俾使读者对每部经义都能透彻了解，并且免于以偏概全之谬误。

四、雅俗共赏：《中国佛教经典宝藏》虽是白话佛典，但亦兼具通俗文艺与学术价值，以达到雅俗共赏、三根普被的效果，所以每册书均以题解、源流、解说等章节，阐述经文的时代背景、影响价值及在佛教历史和思想演变上的地位角色。

兹值佛光山开山三十周年，诸方贤圣齐来庆祝，历经五载、集二百余人心血结晶的百余册《中国佛教经典宝藏》也于此时隆重推出，可谓意义非凡，论其成就，则有四点可与大家共同分享：

一、**佛教史上的开创之举**：民国以来的白话佛经翻译虽然很多，但都是法师或居士个人的开示讲稿或零星的研究心得，由于缺乏整体性的计划，读者也不易窥探佛法之堂奥。有鉴于此，《中国佛教经典宝藏》丛书突破窠臼，将古来经律论中之重要著作，做有系统的整理，为佛典翻译史写下新页！

二、**杰出学者的集体创作**：《中国佛教经典宝藏》丛书结合中国大陆北京、南京各地名校的百位教授、学者通力撰稿，其中博士学位者占百分之八十，其他均拥有硕士学位，在当今出版界各种读物中难得一见。

三、**两岸佛学的交流互动**：《中国佛教经典宝藏》撰述大部分由大陆饱学能文之教授负责，并搜录台湾教界大德和居士们的论著，借此衔接两岸佛学，使有互动的因缘。编审部分则由台湾和大陆学有专精之学者从事，不仅对中国大陆研究佛学风气具有带动启发之作用，对于台海两岸佛学交流更是帮助良多。

四、**白话佛典的精华集萃**：《中国佛教经典宝藏》将佛典里具有思想性、启发性、教育性、人间性的章节做重点式的集萃整理，有别于坊间一般"照本翻译"的白话佛典，使读者能充分享受"深入经藏，智慧如海"的法喜。

今《中国佛教经典宝藏》付梓在即，吾欣然为之作序，并借此感谢慈惠、依空等人百忙之中，指导编修；吉广舆等人奔走两岸，穿针引线；以及王志远、赖永海等大陆教授的辛勤撰述；刘国香、陈慧剑等台湾学者的周详审核；满济、永应等"宝藏小组"人员的汇编印行。由于他们的同心协力，使得这项伟大的事业得以不负众望，功竟圆成！

《中国佛教经典宝藏》虽说是大家精心擘划、全力以赴的巨作，但经义深邃，实难尽备；法海浩瀚，亦恐有遗珠之憾；加以时代之动乱，文化之激荡，学者教授于契合佛心，或有差距之处。凡此失漏必然甚多，星云谨以愚诚，祈求诸方大德不吝指正，是所至祷。

一九九六年五月十六日于佛光山

原版序
敲门处处有人应

星云

《中国佛教经典宝藏》是佛光山继《佛光大藏经》之后，推展人间佛教的百册丛书，以将传统《大藏经》精华化、白话化、现代化为宗旨，力求佛经宝藏再现今世，以通俗亲切的面貌，温渥现代人的心灵。

佛光山开山三十年以来，家师星云上人致力推展人间佛教，不遗余力，各种文化、教育事业蓬勃创办，全世界弘法度化之道场应机兴建，蔚为中国现代佛教之新气象。这一套白话精华大藏经，亦是大师弘教传法的深心悲愿之一。从开始构想、擘划到广州会议落实，无不出自大师高瞻远瞩之眼光，从逐年组稿到编辑出版，幸赖大师无限关注支持，乃有这一套现代白话之大藏经问世。

这是一套多层次、多角度、全方位反映传统佛教文化的丛书，取其精华，舍其艰涩，希望既能将《大藏经》

深睿的奥义妙法再现今世，也能为现代人提供学佛求法的方便舟筏。我们祈望《中国佛教经典宝藏》具有四种功用：

一、是传统佛典的精华书

中国佛教典籍汗牛充栋，一套《大藏经》就有九千余卷，穷年皓首都研读不完，无从赈济现代人的枯槁心灵。《宝藏》希望是一滴浓缩的法水，既不失《大藏经》的法味，又能有稍浸即润的方便，所以选择了取精用弘的摘引方式，以舍弃庞杂的枝节。由于执笔学者各有不同的取舍角度，其间难免有所缺失，谨请十方仁者鉴谅。

二、是深入浅出的工具书

现代人离古愈远，愈缺乏解读古籍的能力，往往视《大藏经》为艰涩难懂之天书，明知其中有汪洋浩瀚之生命智慧，亦只能望洋兴叹，欲渡无舟。《宝藏》希望是一艘现代化的舟筏，以通俗浅显的白话文字，提供读者遨游佛法义海的工具。应邀执笔的学者虽然多具佛学素养，但大陆对白话写作之领会角度不同，表达方式与台湾有相当差距，造成编写过程中对深厚佛学素养与流畅白话语言不易兼顾的困扰，两全为难。

三、是学佛入门的指引书

佛教经典有八万四千法门，门门可以深入，门门是无限宽广的证悟途径，可惜缺乏大众化的入门导览，不易寻觅捷径。《宝藏》希望是一支指引方向的路标，协助十方大众深入经藏，从先贤的智慧中汲取养分，成就无上的人生福泽。

四、是解深入密的参考书

佛陀遗教不仅是亚洲人民的精神归依，也是世界众生的心灵宝藏。可惜经文古奥，缺乏现代化传播，一旦庞大经藏沦为学术研究之训诂工具，佛教如何能扎根于民间？如何普济僧俗两众？我们希望《宝藏》是百粒芥子，稍稍显现一些须弥山的法相，使读者由浅入深，略窥三昧法要。各书对经藏之解读诠释角度或有不足，我们开拓白话经藏的心意却是虔诚的，若能引领读者进一步深研三藏教理，则是我们的衷心微愿。

大陆版序一

《中国佛教经典宝藏》是一套对主要佛教经典进行精选、注译、经义阐释、源流梳理、学术价值分析，并把它们翻译成现代白话文的大型佛学丛书，成书于二十世纪九十年代，由台湾佛光文化事业有限公司出版，星云大师担任总监修，由大陆的杜继文、方立天以及台湾的星云大师、圣严法师等两岸百余位知名学者、法师共同编撰完成。十几年来，这套丛书在两岸的学术界和佛教界产生了巨大的影响，对研究、弘扬作为中国传统文化重要组成部分的佛教文化，推动两岸的文化学术交流发挥了十分重要的作用。

《中国佛学经典宝藏》则是《中国佛教经典宝藏》的简体字修订版。之所以要出版这套丛书，主要基于以下的考虑：

首先，佛教有三藏十二部经、八万四千法门，典籍浩瀚，博大精深，即便是专业研究者，穷其一生之精力，恐也难阅尽所有经典，因此之故，有"精选"之举。

其次，佛教源于印度，汉传佛教的经论多译自梵语；加之，代有译人，版本众多，或随音，或意译，同一经文，往往表述各异。究竟哪一种版本更契合读者根机？哪一个注疏对读者理解经论大意更有助益？编撰者除了标明所依据版本外，对各部经论之版本和注疏源流也进行了系统的梳理。

再次，佛典名相繁复，义理艰深，即便识得其文其字，文字背后的义理，诚非一望便知。为此，注译者特地对诸多冷僻文字和艰涩名相，进行了力所能及的注解和阐析，并把所选经文全部翻译成现代汉语。希望这些注译，能成为修习者得月之手指、渡河之舟楫。

最后，研习经论，旨在借教悟宗、识义得意。为了将其思想义理和现当代价值揭示出来，编撰者对各部经论的篇章品目、思想脉络、义理蕴涵、学术价值等所做的发掘和剖析，真可谓殚精竭虑、苦心孤诣！当然，佛理幽深，欲入其堂奥、得其真义，诚非易事！我们不敢奢求对于各部经论的解读都能鞭辟入里，字字珠玑，但希望能对读者的理解经义有所启迪！

习近平主席最近指出："佛教产生于古代印度，但传入中国后，经过长期演化，佛教同中国儒家文化和道家文化融合发展，最终形成了具有中国特色的佛教文化，给中国人的宗教信仰、哲学观念、文学艺术、礼仪习俗等留下了深刻影响。"如何去研究、传承和弘扬优秀佛教文化，是摆在我们面前的一个重要课题，人民东方出版传媒有限公司拟对繁体字版的《中国佛教经典宝藏》进行修订，并出版简体字版的《中国佛学经典宝藏》，随喜赞叹，寥寄数语，以叙因缘，是为序。

二〇一六年春于南京大学

大陆版序二

依空

身材高大、肤色白皙、擅长军事的亚利安人，在公元前四千五百多年从中亚攻入西北印度，把当地土著征服之后，为了彻底统治这里的人民，建立了牢不可破的种姓制度，创造了无数的神祇，主要有创造神梵天、破坏神湿婆、保护神毗婆奴。人们的祸福由梵天决定，为了取悦梵天大神，需要透过婆罗门来沟通，因为他们是从梵天的口舌之中生出，懂得梵天的语言——繁复深奥的梵文，婆罗门阶级是宗教祭祀师，负责教育，更掌控了神与人之间往来的话语权。四种姓中最重要的是刹帝利，举凡国家的政治、经济、军事、文化等等都由他们实际操作，属贵族阶级，由梵天的胸部生出。吠舍则是士农工商的平民百姓，由梵天的膝盖以上生出。首陀罗则是被踩在梵天脚下的土著。前三者可以轮回，纵然几世轮转都无法脱离原来种姓，称为再生族；首陀罗则连轮回的因缘都没有，为不生族，生生世世为首陀罗，子孙也倒霉跟着宿命，无法改变身份。相对于此，贱民比首陀罗更为卑微、低贱，连四种姓都无法跻身其中，只能从事挑粪、焚化尸体等最卑贱、龌龊的工作。

出身于高贵种姓释迦族的悉达多太子，为了打破种姓制度的桎梏，舍弃既有的优越族姓，主张一切众生皆平等，成正等觉，创立了佛教僧团。为了贯彻佛教的平等思想，佛陀不仅先度首陀罗身份的优婆离出家，后度释迦族的七王子，先入山门为师兄，树立僧团伦理制度。佛陀更严禁弟子们用贵族的语言——梵文宣讲佛法，而以人民容易理解的地方口语来演说法义，这就是巴利文经典的滥觞。佛陀认为真理不应该是属于少数贵族、知识分子的专利或装饰，而应该更贴近普罗大众，属于平民百姓共有共知。原来佛陀早就在推动佛法的普遍化、大众化、白话化的伟大工作。

佛教从西汉哀帝末年传入中国，历经东汉、魏晋南北朝、隋唐的漫长艰巨的译经过程，加上历代各宗派祖师的著作，积累了庞博浩瀚的汉传佛教典籍。这些经论义理深奥隐晦，加以书写的语言文字为千年以前的古汉文，增加现代人阅读的困难，只能望着汗牛充栋的三藏十二部扼腕慨叹，裹足不前。

如何让大众轻松深入佛法大海，直探佛陀本怀？佛光山开山宗长星云大师乃发起编纂《中国佛教经典宝藏》。一九九一年，先在大陆广州召开"白话佛经编纂会议"，订定一百本的经论种类、编写体例、字数等事项，礼聘中国社科院的王志远教授、南京大学的赖永海教授分别为中国大陆北方与南方的总联络人，邀请大陆各大学的佛教学者撰文，后来增加台湾部分的三十二本，是为一百三十二册的《中国佛教经典宝藏精选白话版》，于一九九七年，作为佛光山开山三十周年的献礼，隆重出版。

六七年间我个人参与最初的筹划，多次奔波往来于大陆与台湾，小心谨慎带回作者原稿，印刷出版、营销推广。看到它成为佛教徒家中的传家宝藏，有心了解佛学的莘莘学子的入门指南书，为星云大师监修此部宝藏的愿心深感赞叹，既上契佛陀"佛法不舍一众"的慈悲本怀，更下启人间佛教"普世益人"的平等精神。尤其可喜者，欣闻现大陆出版方东方出版社潘少平总裁、彭明哲副总编亲自担纲筹划，组织资深编辑精校精勘；更有旅美企业家鲁彼德先生事业有成之际，秉"十方来，十方去，共成十方事"之襟怀，促成简体字版《中国佛学经典宝藏》的刊行。今付梓在即，是为序，以表随喜祝贺之忱！

二〇一六年元月

目　录

題解

根本佛教之一

《中阿含经》为北传佛教四部阿含之一。

《阿含经》是卷帙浩繁的佛教经典中最早形成的一部分，为最初的佛经。

据佛典记载，释迦牟尼佛入灭不久，其五百弟子集会于王舍城外的七叶窟，由有"头陀第一"之称的摩诃迦叶主持，共同会诵审定释迦牟尼佛一生的说教，以传后世，使大众有所遵循。当时由有"多闻第一"之称的阿难诵出了佛所说的"经"，由有"持律第一"之称的优波离诵出了佛为僧伽团体所制的仪规戒律，由此形成佛教"三藏"中"经"和"律"两大部分。这就是佛教史上著名的第一次结集。

在这第一次结集上，由阿难诵出的经藏，就是《阿含经》。

"阿含"是梵文Āgama的音译略称。意译作"法归"，据东晋高僧释僧肇释："法归者，盖是万善之渊府，总持之林苑。其为典也……道无不由，法无不在。譬彼巨海百川所归，故以法归为名。"①也可译作"无比法"②，因人们把《阿含经》看作为佛法之最上者。也有译作"教传"③的，因为它是"教说"或"依师弟传承的教说"。总的说来，《阿含经》是早期佛教最基本的经典，比较真实地反映了释迦牟尼佛一生说教的内容，所以又有"根本佛教"之称。

当年由阿难诵出的《阿含经》共有五大部，但当时只是确定了阿含的基本内容，并未进行编辑整理。直到部派佛教时期，这些《阿含经》才陆续系统地经过整理，约在公元前一世纪写成了文字。南传佛教将其分为《长部经典》、《中部经典》、《相应部经典》、《增支部经典》和《小部经典》五部。北传佛教将其分为《长阿含经》《中阿含经》、《杂阿含经》和《增一阿含经》四部。这四部阿含的结构，与南传五部的前四部大体相应。在东晋南北朝时期，这四部阿含先后均被译成汉语，这就是汉文大藏经的重要部分之一——四阿含。南传佛教的《小部经典》，汉译中虽无，但它的部分内容，分散在其他译籍中，如《六度集经》《生经》《义足经》《法句经》等。

由此，我们可以将《阿含经》看作是一部大丛书的总名。北传"四阿含"或南传"五部"就是这部大丛书中所包括的小丛书了。至于为什么要冠之以"长""中""杂""增一"等字，据《五分律》记载："迦叶如是问一切修多罗已，僧中唱言：此是长经，今集为一部，名长阿含；此是不长不短，今集为一部，名中阿含；此是杂说，为比丘、比丘尼、优婆塞、优婆夷、天子、天女说，今集为一部，名杂阿含；此是从一法增至十一法，今集为一部，名增一阿含。"所以可以说，这只是按经文篇幅的长短所做的大致区分，并没有什么特别的意义。《中阿含经》即因所集各经篇幅适中，故冠之以"中"。

《阿含经》是早期佛教基本经典的汇集。它通过弟子的回忆讲述，比较真实地记录了佛陀一次次说法的过程、所说的内容，从而论述了"四谛"、"八正道"、"十二因缘"、"五蕴"、"四禅"以及善恶因果报应、生死轮回等早期佛教最基本的教义，虽只属于小乘佛教，但却是佛教之"始"，为佛教之"本"。正如梁启超先生所言："若对于此等不能明确观念，则读一切大乘经论，无从索解。"④另外，《阿含经》是对释迦牟尼佛说法活动行踪的实录，从而向我们展示了释尊创立佛教以及苦心应机宣化、热情传教的历史背景。

如此，无论是学习佛教，还是研究佛教；也不论是信者，还是学者，都必须特别重视《阿含经》，梁启超先生早就指出："……真欲治佛学者，宜有事于阿含。"⑤将其看作是学研佛教的基本教义、历史渊源的最基本素材，正如前所曰：阿含是"根本佛教"。

如此，"不大不小，不长不短，事处中适"的《中阿含经》就自然是"根本佛教"之一。

早期佛典之一

《中阿含经》共六十卷，共收经二百二十二部，为东晋僧伽提婆与僧伽罗叉所译。据传，东晋昙摩难提受赵正之请，于前秦建元二十年（公元三八四年）曾译出五十九卷，但早佚不见。现在所流传的六十卷本为僧伽提婆与僧伽罗叉于东晋隆安二年（公元三九八年）所译出。

"阿含"是印度佛教最早的经典，也是中国佛教的译经之始。最早传入汉地的佛教经典，译于东汉明帝时的《四十二章经》，就是《阿含经》中某些章节的节译或编译。早期译经高僧，如安世高、支谦、竺法护、法炬等都译出不少阿含单品。再加"四阿含"为丛书体裁，诸品本来就独立成篇，并不相互割裂、相互影响，所以历代都有阿含中一些经的异译本。《中阿含经》自也如此，而且可说是单经零本翻译最多的。梁启超先生统计《中阿含经》别出异译有四十四种。而据《精刻大藏经目录》（支那内学院编）记载，现存有七十三种，而"四阿含"的所有尚存异译本是一百六十一种。这或者能说明一个问题，即译者们认为这些内容很重要，应该将其译出，广布中土吧！

现在流传的汉译《中阿含经》与南传佛教的《中部经典》大体相应，但《中阿含经》收经更多。其所收经二百二十二部，分为五诵十八品。经文分品，并没有一个统一划分的标准，有的是根据经文所阐述的主要教义而分；有的把经文中出现的主要人物列成专品名；有的又是依据说法的形式而分；有的则是取经中的一部经名用之为品名。

本书节选了《中阿含经》中的二十部经。不考虑"品"的关系，因所选二十部经都能独自成篇，完整而不相互割裂。本书节选的标准主要有三项：第一，有关佛教基本教义、佛教基本理论的经典。如卷二十九《大品·说无常经》，记录了佛陀向诸位比丘宣说"诸行无常""无常则苦"的道理，劝化诸位比丘学习戒、定、慧三学，修习三十七道品，断生老病死，获无上正觉的过程。"诸行无常、诸法无我"，是佛教对宇宙万有的总的解释，为一切法的总法则，被称为"法印"，非常重要，所以选入。又如卷四十《梵志品·阿兰那经》中阿兰那梵志反复用譬喻对众弟子说法，阐述一条最基本的佛理：人命短暂，人身难得，唯有行善修行，才能以善因得善果，摆脱六道轮回的痛苦。"诸恶莫作，诸善奉行"，修善行，做好事，在短暂有限的生命中行清净善行，做清白正直人，利己利他，成佛果建佛国。这对广大的信徒有着巨大的号召力，为此，我们也选入。

第二，尽可能通俗易懂，具文学色彩的经典。因《中阿含经》原典为早期佛经，译文也属早期译经，所以既充满当时印度语言的特色，也能体现出译经草创时代的不足。当时印度人的语言极为繁重，宣说一教一义时，多从正面、反面反复宣说、陈述，有时会显得过分冗长、繁杂，反映在译文上，运用到汉语里，则会显得拙涩、佶屈聱牙。然而其中也有一些相对来说通俗易懂，并颇具文学色彩的，可以称作"佛典文学"的经典，我们也选了一些，以使读者阅读时能有通顺、流畅、自然、亲切之感。如卷六十《例品·箭喻经》就充分体现了佛陀当初说法时善用譬喻的特色。其中一个又一个譬喻的运用，极为形象而生动，对人颇有启发。至今人们都将其列为"譬喻经"中的精品，故被选入。又如卷三十四《大品·商人求财经》虽仍有繁重之感，但其描写细密、脉络清晰，可以作为极好的记事文学来阅读，故也被选入。另外，我们还选了一些含有偈颂的经典。佛典中有各种形式的偈颂，乃至成为佛典行文的特征。而《中阿含经》的这一部分，更有着佛经的原始面貌，使我们能了解早期佛经韵散结合的形式。

第三，《中阿含经》的特征就是因所集各经篇幅适中而得名，这是相对另外三部《阿含经》而言的，但其本体实际也仍有短者一至二百字，长者五至六千字之别。本书所选入的经典，则尽可能篇幅更为"适中"一些。没有太长的，也不是最短的，使"中"的特点更为突出一些。

《中阿含经》共收有二百二十二部经，是一个庞大的部分，其中保存了原始佛教的很多内容，非常重要。限于篇幅，我们只节选了其中的二十部经，不足其十分之一。但是，"从一滴水可以看到太阳"，希望通过这极小的部分，读者可体察到《中阿含经》的全貌，能领会佛陀当年为众比丘说法传教的殷殷苦心，并了解一些当时佛教的历史，理解有关佛说的基本教义、基本理论，进一步坚定学习佛教，信奉善行，自度度人，常乐我净的信心。这是笔者的愿望。

三位译师之功

《中阿含经》的译者自当首推僧伽提婆，但是另外两位，昙摩难提与僧伽罗叉也有初译与助译之功，在此，我们必须先给他们记上一笔。

昙摩难提，汉译名为法喜，是兜佉勒人。据传他幼年即离俗出家，聪慧且又精勤，故能研讽经典，佛业精专。他遍观三藏，尤长于《增一阿含经》。小小年龄，即"博识洽闻，靡所不综"⑥，在其本国，很有名气，"国内远近，咸共推服"⑦。后游历诸国，说法传教。为能使东土震旦之人听闻佛法，故远涉流沙，怀佛宝而东渡，于建元中（约公元三六五至三八四年），抵达长安。

因昙摩难提学业精优，道声远闻，所以在长安受到前秦王苻坚的礼见。当时在中土流布的佛经中，还没有"四阿含"，于是苻坚的秘书郎赵正就请他翻译《中》《增一》两部阿含经。当时正值世乱，动荡不宁，但在赵正的极力护持下，仍由昙摩难提口诵《增一》和《中》两部阿含的梵本，以及《毗昙心》《三法度》等，共一百零六卷。再由凉州高僧竺佛念译成汉语，历时两年（建元二十年至二十一年），终于在乱世中译出这两部阿含。

据《高僧传》记载，难提完成两部阿含的译事后，羌族首领姚苌已率军进逼关内，战事酣炽，人情危阻。昙摩难提只好西辞回国，但却不知所终。

僧伽罗叉为北印度罽宾沙门。有关他的记载很少，只知他参加了僧伽提婆在晋都建康（今南京）组织的译事，其主要功绩是帮助僧伽提婆重译了《中阿含经》六十卷。翻译时，先由僧伽罗叉讲《中阿含经》胡本，僧伽提婆传译，然后由汉僧道慈笔受，慧持校阅。从此中，我们可知他对《中阿含经》等原始佛教经典是极为精通的。⑧

僧伽提婆也是北印度罽宾人。他出家以后，远访名师，学通三藏，尤精于《阿毗昙心论》。又经常诵习《三法度论》，奉之为入道的要典。苻秦建元年间（公元三六五至三八四年），提婆来到长安，宣流法化。

僧伽提婆在中国佛教史上的贡献主要有两大方面：第一，作为第一个来中国弘传毗昙的学者，开南北朝毗昙学的端绪。第二，作为《中阿含经》的最后定本者，为小乘经典丛书四阿含在中土弘传做出了贡献。⑨

毗昙学是南北朝时期以研习说一切有部论书"阿毗昙"而形成的一种学说。其学者被称为"毗昙师"。前曾言及，僧伽提婆在罽宾出家后就精于"毗昙"，故他来华后，于建元十九年（公元三八三年），就应道安的同学法和的邀请，译出了《阿毗昙八犍度论》三十卷。僧伽提婆在洛阳住了四五年，研讲经论。随着汉语水平的提高，知道自己前译多违失本旨，于是重新校勘了《阿毗昙八犍度论》的译本。后他渡江南游，被当时东晋的佛教领袖慧远请到庐山。东晋太元十六年（公元三九一年），提婆于庐山般若台译出《阿毗昙心论》四卷、《三法度论》两卷。慧远在前者序文中言："罽宾沙门僧伽提婆，少玩兹文，味之弥久。……会遇来游，因请令译。提婆乃手执胡本，口宣晋言，临文诚惧，一章三复。远亦宝而重之。"提婆深受慧远的重视，其在匡庐译出的毗昙两部论书，经慧远推重提倡，在庐山的诸名僧都相从研习。由此，毗昙学大兴，僧伽提婆被公认是第一位来中土弘传毗昙的学者。

隆安元年（公元三九七年），僧伽提婆东游京师建康，受到王公和名士们的尊敬。尚书令王珣本曾建立精舍，广招学众，准备译经。至此就专门请提婆在其精舍讲《阿毗昙心论》，一时名僧云集，咸来听受。僧伽提婆既精熟毗昙论旨，又能极为明晰地讲解词旨，振发义理，故听众悦悟，颇受欢迎。此次提婆开讲《阿毗昙心论》，遂开南地毗昙学的端绪。

"毗昙学"的研究在南北朝曾颇为兴盛，其主要提倡者是道安与其高足慧远。道安在长安期间组织译经道场，赞助护持西域沙门译经。僧伽提婆应道安的同学法和之请译出《阿毗昙八犍度论》后，道安曾亲为之作序："其身毒来诸沙门，莫不祖述此经……虽欲从之，未由见也。"所以说，"毗昙"至道安时而始来中国，其始译之功，即属僧伽提婆。而后慧远继承师之衣钵，重视毗昙学的研究，特意邀请僧伽提婆入匡庐专门翻译"毗昙"。提婆不负厚望，所译的"毗昙"，被慧远徒众钻研，风靡一时。

僧伽提婆将"毗昙"传入中国，第一次将"天竺义学"输入华地，其翻译之功可谓大也。到后来他在建康精讲"毗昙"，又推动了毗昙学研究的进一步发展。

《中阿含经》是四部"阿含"中的重要一部。前已言及，昙摩难提曾于战乱动荡中译完此经，但是当时正值符坚将覆国之际，故是在围城之中仓促杀青，故"译人造次"，"违本失旨，名不当实"，属粗糙之作。而就在这燕秦交战、关中大乱的时刻，道安谢世，"良匠背世，故以弗获改正"。⑩直到隆安元年，僧伽提婆在建康精舍开讲"阿毗昙"，其年冬，王珣认为昙摩难提在长安所译的《中阿含经》《增一阿含经》文义不尽，未得校定，故召集义学沙门慧持等四十人，组织译场，专请僧伽提婆重译《中阿含经》六十卷，提婆得从罽宾新来的僧伽罗叉的帮助，终于完成了《中阿含经》的重译。一般还认为僧伽提婆还校改了《增一阿含经》五十一卷。所以，僧伽提婆作为北传佛教四部阿含中两部的最后定本者，其在中国佛经翻译史上的地位是应该得以肯定的。

僧伽提婆气度开朗，举止温和，又洞察物情，诲人不倦，在罽宾时就很受信众欢迎，乐于亲近。来华后，逐渐精通汉语，备悉方俗，加之他为人从容机警，善于谈笑，所以在江南名盛一时。作为"三藏"和"小道"的论师在当时堪与弘扬大乘的鸠摩罗什齐名，可见其在中国佛教史上的地位。

然而这位为人温和、气度爽朗，道化声誉响彻一时的罽宾高僧，其结果竟与另一位《中阿含经》的译者昙摩难提一样，最后不知所终。即使今日，我们学研《中阿含经》也会为此而深感遗憾。

注释：

①参见《长阿含经序》。

②参见宋·法云《翻译名义集》卷四。

③参见唐·慧琳《一切经音义》卷二十四。

④梁启超《说四阿含》，载梁启超著《佛学研究十八篇》，中华书局一九八九年版。

⑤同④。

⑥见梁·释慧皎《高僧传》卷一《晋长安昙摩难提》。

⑦同⑥。

⑧梁·释慧皎《高僧传》卷一《晋庐山僧伽提婆》

中附"僧伽罗叉",但也只有"罽宾沙门僧伽罗叉执梵本,提婆翻为晋言,至来夏方讫"一句。

⑨也有学者认为《增一阿含经》的译者也是僧伽提婆。

⑩见道慈《中阿含经序》。道慈曾参加僧伽提婆的译场,亦为《中阿含经》的助译者。

1 苦阴经

——知欲无有乐，不为欲退转

我闻如是：

一时，佛游释羁瘦^①，在加维罗卫尼拘类园^②。

尔时，释摩诃男^③，中后仿佯往诣佛所。稽首佛足，却坐一面，白曰："世尊，我如是知世尊法，令我心中得灭三秽：染心^④秽、恚心秽、痴心秽。世尊，我如是知此法，然我心中复生染法、恚法、痴法。世尊，我作是念：我有何法不灭，令我心中复生染法、恚法、痴法耶？"

世尊告曰："摩诃男，汝有一法不灭，谓汝住在家，不至信、舍家、无家学道。摩诃男，若汝灭此一法者，汝必不住在家，必至信、舍家、无家学道。汝因一法不灭故，住在家，不至信、舍家、无家学道。"

于是，释摩诃男即从坐起，偏袒着衣，叉手向佛，白世尊曰："唯愿世尊，为我说法，令我心净，除疑得道。"

世尊告曰："摩诃男，有五欲⑤功德可爱、可念、欢喜，欲相应而使人乐。云何为五？谓眼知色、耳知声、鼻知香、舌知味、身知触。由此令王及王眷属得安乐欢喜。摩诃男，极是欲味，无复过是，所患甚多。

"摩诃男，云何欲患？摩诃男，族姓子⑥者，随其技术以自存活。或作田业，或行治生，或以学书，或明算术，或知工数，或巧刻印，或作文章，或造手笔，或晓经书，或作勇将，或奉事王。彼寒时则寒，热时则热。饥渴疲劳，蚊虻所蜇，作如是业，求图钱财。摩诃男，此族姓子，如是方便，作如是行，作如是求。若不得钱财者，便生忧苦、愁戚、懊恼。心则生痴，作如是说：'唐⑦作唐苦，所求无果。'摩诃男，彼族姓子，如是方便，作如是行，作如是求。若得钱财者，彼便爱惜，守护密藏。所以者何？我此财物莫令王夺、贼劫、火烧、腐坏、亡失，出财无利。或作诸业，而不成就。彼作如是守护密藏，若使王夺、贼劫、火烧、腐坏、亡失，彼便生忧苦、愁戚、懊恼，心则生痴，作如是说：'若有长夜，所可爱念者，彼则亡失。'摩诃男，如是现法苦阴⑧，因欲缘欲，以欲为本。

"摩诃男，复次，众生因欲缘欲，以欲为本故，母共子诤，子共母诤，父子、兄弟、姊妹、亲族辗转共诤。彼既如是共斗诤已，母说子恶，子说母恶。父子、兄弟、姊妹、亲族更相说恶，况复他人？摩诃男，是谓现法苦阴，因欲缘欲，以欲为本。摩诃男，复次，众生因欲缘欲，以欲为本故，王王共诤，梵志梵志共诤，居士居士共诤，民民共诤，国国共诤。彼因斗诤共相憎故，以种种器仗，转相加害。或以拳扠石掷，或以杖打刀斫。彼当斗时，或死或怖，受极重苦。摩诃男，是谓现法苦阴，因欲缘欲，以欲为本。

"摩诃男，复次，众生因欲缘欲，以欲为本故，着铠被袍，持矟⑨弓箭，或执刀楯，入在军阵，或以象斗，或马或车，或以步军，或以男女斗。彼当斗时，或死或怖，受极重苦。摩诃男，是谓现法苦阴，因欲缘欲，以欲为本。摩诃男，复次，众生因欲缘欲，以欲为本故，着铠被袍，持矟弓箭，或执刀楯，往夺他国，攻城破坞⑩，共相格战，打鼓吹角，高声唤呼，或以槌打，或以鉡戟⑪，或以利轮，或以箭射，或乱下石，或以大弩，或以融铜珠子洒之。彼当斗时，或死或怖，受极重苦。摩诃男，是谓现法苦阴，因欲缘欲，以欲为本。

"摩诃男，复次，众生因欲缘欲，以欲为本故，着铠被袍，持矟弓箭，或执刀楯，入村入邑，入国入城，穿墙发藏，劫夺财物。断截王路，或至他巷，坏村害邑，灭国破城。于中或为王人所捉，种种拷治：截手截足，或截手足，截耳截鼻，或截耳鼻，或脔脔割⑫，拔须拔发，或拔须发，或着槛中，衣裹火烧，或以沙壅，草缠火爇⑬，或内铁驴腹中，或着铁猪口中，或置铁虎口中烧，或安铜釜中，或着铁釜中煮，或段段截，或利叉刺，或铁钩钩，或卧铁床，以沸油浇，或坐铁臼，以铁杵捣，或龙蛇蜇，或以鞭鞭，或以杖挝，或以棒打，或生贯高标⑭上，或枭其首⑮。彼在其中，或死或怖，受极重苦。摩诃男，是谓现法苦阴，因欲缘欲，以欲为本。

"摩诃男，复次，众生因欲缘欲，以欲为本故，行身恶行，行口意恶行。彼于后时，疾病着床，或坐卧地，以苦逼身，受极重苦，不可爱乐。彼若有身恶行，口意恶行，彼临终时，在前覆障，犹日将没，大山岗侧，影障覆地。如是彼若有身恶行，口意恶行，在前覆障，彼作是念：我本恶行，在前覆我，我本不作福业，多作恶业。若使有人作恶凶暴唯为罪，不作福，不行善。无所畏，无所依，无所归，随生处者，我必生彼。从是有悔，悔者不善死，无福命终。摩诃男，是谓现法苦阴，因欲缘欲，以欲为本。

"摩诃男，复次，众生因欲缘欲，以欲为本故，行身恶行，行口意恶行。彼因身口意恶行故，因此缘此，身坏命终，必至恶处，生地狱中。摩诃男，是谓后世苦阴，因欲缘欲，以欲为本。摩诃男，是故当知：欲一向无乐，无量苦患。多闻圣弟子不见如真者，彼为欲所覆，不得舍乐及无上息⑯。摩诃男，如是彼多闻圣弟子因欲退转。摩诃男，我知欲无乐，无量苦患，我知如真已。摩诃男，不为欲所覆，亦不为恶所缠，便得舍乐及无上息。摩诃男，是故我不因欲退转。

"摩诃男，一时，我游王舍城，住鞞哆逻⑰山仙人七叶屋。摩诃男，我于晡时，从宴坐起，往至广山，则于彼中见众多尼犍⑱，行不坐行⑲，常立不坐，受极重苦。我往问曰：'诸尼犍，汝等何故行此不坐行，常立不坐，受如是苦？'彼如是说：'瞿昙，我有尊师尼犍，名曰亲子⑳。彼则教我作如是说：诸尼犍等,汝若宿命有不善业，因此苦行故必当得尽。若今身妙行护，口意妙行护，因缘此故，不复作恶不善之业。'

"摩诃男，我复问曰：'诸尼犍，汝等信尊师无有疑耶？'彼复答我：'如是瞿昙，我等信尊师无有疑惑。'摩诃男，我复问曰：'尼犍，若尔者，汝等尊师尼犍，本重作恶不善之业，彼本作尼犍死，今生人间，出家作尼犍，行不坐行，常立不坐，受如是苦，如汝等辈及弟子也。'彼复语我曰：'瞿昙，乐不因乐要因苦得，如频鞞娑罗王㉑乐，沙门瞿昙不如也。'

"我复语曰：'汝等痴狂，所说无义。所以者何？汝等不善，无所晓了，而不知时，谓汝作是说：如频鞞娑罗王乐，沙门瞿昙不如也。尼犍，汝等本应如是问：谁乐胜？为频鞞娑罗王，为沙门瞿昙耶？尼犍，若我如是说我乐胜，频鞞娑罗王不如者，尼犍，汝等可得作是语：如频鞞娑罗王乐，沙门瞿昙不如也。'彼诸尼犍即如是说：'瞿昙，我等今问沙门瞿昙，谁乐胜？为频鞞娑罗王，为沙门瞿昙耶？'我复语曰：'尼犍，我今问汝随所解答，诸尼犍等于意云何？频鞞娑罗王，可得如意静默无言，因是七日七夜得欢喜快乐耶？'尼犍答曰：'不也，瞿昙。''六五四三二，一日一夜，得欢喜快乐耶？'尼犍答曰：'不也，瞿昙。'复问曰：'尼犍，我可得如意静默无言，因是一日一夜得欢喜快乐耶？'尼犍答曰：'如是，瞿昙。''二三四五六，七日七夜得欢喜快乐耶？'尼犍答曰：'如是，瞿昙。'我复问曰：'诸尼犍等，于意云何？谁乐胜？为频鞞娑罗王，为是我耶？'尼犍答曰：'瞿昙，如我等受解沙门瞿昙所说，瞿昙乐胜，频鞞娑罗王不如也。'

"摩诃男，因此故知欲无乐，有无量苦患。若多闻圣弟子不见如真者，彼为欲所覆，恶、不善所缠，不得舍乐及无上息。摩诃男，如是彼多闻圣弟子为欲退转。摩诃男，我知欲无乐，有无量苦患。我知如真已，不为欲所覆，亦不为恶不善法所缠，便得舍乐及无上息。摩诃男，是故我不为欲退转。"

佛说如是，释摩诃男及诸比丘闻佛所说，欢喜奉行。

（选自《中阿含经》卷二十五《因品·苦阴经》第四）

注释

①**释羁瘦**：地名。也作"释氏瘦""释翅搜"等，为梵文 Sākyeṣu 的音译，迦毗罗城的别名。

②**加维罗卫尼拘类园**：加维罗卫为"迦毗罗婆苏都"（梵文 Kapilavastu）的音略，也作"迦维""迦毗罗""迦维罗越"等多种形式，城名，为悉达多太子降生之处。尼拘类也作"尼拘律""尼拘陀"等，为梵文 Nyagrodha 的音译，树名，即榕树。

③**释摩诃男**：属印度迦毗罗卫城释迦种。《大智度论》卷三，梵文大事等载其为甘露饭王之子。于其弟阿那律入佛门出家后，即治理家事，重佛之教法，常布施汤药、衣食等予僧家。

④**染心**：爱着之心、淫欲之心。

⑤**五欲**：为追求色、声、香、味、触"五境"而起的五种情欲。下文有释。

⑥**族姓子**：也作"族姓男"，即所谓"善男子"，为对信佛、闻法、行善业者之美称。印度有四姓阶级，生

于四姓中之婆罗门大族之子弟，乃于诸姓中为最胜，故称族姓子。此外，族姓子一般指在家信男，然亦有用于对比丘之称呼。

⑦唐：徒劳、空、白白。

⑧苦阴：也作苦蕴，指人身。佛教认为人身是由三苦、八苦等所集而成的，故亦称"苦蕴"或"苦阴"。

⑨矟：同"槊"，古代兵器，杆儿比较长的矛。

⑩坞：小型的城堡。

⑪鉾戟：鉾，头盔，战时以御兵刃。戟，古代的一种兵器。

⑫脔割：分割，切碎。

⑬火爇：爇，焚烧。火爇即用火烧。

⑭高标：树的高枝上。

⑮枭其首：一种刑罚，把人头砍下并且悬挂起来。

⑯舍乐及无上息："舍乐"，指舍二禅的喜、三禅的乐；"无上息"，息即止息一切诸苦，亦是佛所证得的寂灭境界。

⑰鞞哆逻：也作"鞞跋罗"（梵语 Uaibhāra），山名，在王舍城。

⑱尼犍：也作"尼揵""尼虔"等，为"尼犍陀"（梵文 Nirgrantha）的音略。古印度六大外教之一，即"耆那教"。因其创始人名"尼乾陀若提子"，故也称此派为"尼

犍陀"或"尼犍"等，常称其门徒曰"尼乾子""尼乾陀子"等。

⑲**不坐行**：尼犍陀出家做沙门，专修苦行。"不坐行"盖为其中之一。

⑳**亲子**：即尼乾陀若提子。尼乾陀的母亲叫"若提"，意译为亲友。故尼乾陀可称"尼乾陀若提子"，也可叫"亲子"。

㉑**频鞞娑罗王**：也作"频毗娑罗王""频婆娑罗王"等，佛在世之时摩揭陀国的国王。

译文

我曾听佛这样说过：

有一次，佛游化于释羁瘦，在迦维罗卫尼拘类园。

那时，释摩诃男在中食以后，一路游荡，前往佛陀之所。到后，他顶礼佛足，然后退到一边坐下，对世尊道："世尊，我如此知解佛法，本应使我除去心中三秽：贪欲之心秽、嗔恚之心秽、愚痴之心秽。世尊，我如此知解佛法，然而我心中却又产生了贪欲、嗔恚、愚痴三毒。世尊，我这样想：我还有什么法未曾灭除吗？以致使我心中又生贪欲、嗔恚、愚痴三毒。"

世尊告诉他："摩诃男，你有一法还不曾灭除，即你还住在俗家，没有诚心至意地离开家庭，无家学道。摩诃男，如果你要灭除此一法的话，你一定不能住在家中，必须诚心至意地离开家庭，无家学道。你因为有此一法不曾灭除，所以住在家中，不能诚心至意离开家庭，无家学道。"

于是，释摩诃男立即从座位上站起，偏袒着衣，合掌向佛陀道："只盼世尊能为我说法，从而使我心净，解除疑惑，获得道法。"

世尊告诉他："摩诃男，有五欲功德让人觉得可爱、喜欢、念念不忘，能与人们的欲心相应而令人快乐。那么，是哪五欲呢？即眼能视色，耳能听声，鼻能嗅香，舌能尝味，身有所触。由此能使王以及王之随从眷属得以安乐欢喜。摩诃男，这是尘欲之极，再没有能超过此的了，为害很多。

"摩诃男，欲患是什么呢？摩诃男，那些族姓子，靠着他们的技术而得以生活、生存。他们有的从事农业，有的经商，有的学习文字，有的懂得算术，有的会工匠手艺，有的能巧妙地篆刻印章，有的会写一手好文章，有的造笔做纸，有的通晓经书，有的勇猛为将士，有的为臣事王。冬天来时，他们觉得冷；夏季到时，他们感到热。又饥又渴，劳累疲乏，被蚊虫牛虻等所叮咬，如此劳作，是为了图钱谋财。摩诃男，这些族姓子，用这样的方法，做这样的工作，为了这样的目的。如果得不到钱财的话，就生出许多忧愁、痛苦、烦恼，就会变得愚痴，就会这么说道：'全都白做了，白白辛苦一场，结果一无所有。'摩诃男，那些族姓子，用这样的方法，做这样的工作，为了这样的目的。如果得到许多钱财的话，他们就会十分爱惜，小心守护，把钱财秘密地藏起来。这是为什么？因为他们这样想：可别让我的这些财物被大王给夺去，被强盗给抢走，被火烧了，或者腐烂坏掉，或者丢失不知所在，总之，把财物放在外面是没有好处的，不管做什么，都不行。他如此小心谨慎地守护着他密藏的财物，但如果还是被大王夺去，被强盗抢走，被火烧了，腐烂坏掉了，丢失不见了，就会生出许多忧愁、痛苦、烦恼，就会变得愚痴不明，就会这样说道：'如果有漫漫长夜，让人爱恋、思念的话，那么现在已经没有了。'摩诃男，如此的现法苦阴，因欲缘欲，都是以欲为最根本。

"摩诃男，其次，众生之因欲缘欲，是以欲为本，所以母亲和儿子诤斗，儿子和母亲诤斗，父子、兄弟姊妹、亲朋家族，相互之间，诤来斗去。他们如此相互诤斗完了以后，母亲就说儿子坏，儿子则说当娘的不好。父子、兄弟姊妹、亲朋家族都相互说坏话，更何况和他人呢？摩诃男，这就叫作现法苦阴，因欲缘欲，以欲为根本。

摩诃男，其次，众生之因欲缘欲，是以欲为本，所以国王与国王相诤共斗，梵志与梵志相诤共斗，居士与居士相诤共斗，百姓与百姓相诤共斗，国家与国家相诤共斗。他们因斗诤而相互憎恨，所以就用各种各样的兵杖器具，彼此相互加害。有的以拳，有的用叉，有的拿石头掷，有的以棍杖打，有的用钢刀砍。他们在相互诤斗时，死的死，伤的伤，其余则惶恐不安，极为痛苦。摩诃男，这就叫作现法苦阴，因欲缘欲，以欲为本。

"摩诃男，其次，众生之因欲缘欲，是以欲为本之故，所以他们穿起铠甲，披上战袍，拿起长矛弓箭，有的拿着大刀盾牌，参军入阵，有的用象来战斗，有的乘马，有的驾车，有的步军，有的把男女百姓弄来战斗。他们在相互诤斗时，死的死，伤的伤，有的惶恐不安，承受极大的痛苦。摩诃男，这就叫作现法苦阴，因欲缘欲，以欲为本。摩诃男，其次，众生之因欲缘欲，是以欲为本之故，所以他们穿起铠甲，披上战袍，拿起长矛弓箭，有的拿着大刀盾牌，前去侵略别国，他们攻破城墙城堡，与他国之军相战共斗。他们擂起战鼓，吹响号角，高声呼唤，有的用棒槌打，有的用头盔和长戟，有的用尖利的轮子，有的拿箭射，有的用乱石，有的拿大弩弓，有的用烧化了的铜珠子往敌人身上浇洒。他们在战斗的时候，死的死，伤的伤，有的惶恐惧怕，极为痛苦。摩诃男，这就叫作现法苦阴，因欲缘欲，以欲为根本。

"摩诃男，其次，众生之因欲缘欲，是以欲为本之故，所以他们穿起铠甲，披上战袍，拿起长矛弓箭，有的拿起大刀盾牌，潜入村镇，侵入他国他城，翻墙入室，寻找宝藏，劫夺财物。他们或截断国王的道路，或破坏其他街巷，毁坏村庄，破坏城镇，毁灭国家，攻破城邑。在此过程中，有的被国王或他人所捉，被施以种种刑罚，拷治鞭打：或被截断手，或被截断腿，或手脚全断，有的被割耳削鼻，或耳鼻全被割削，有的被分割切碎，有的被拔去胡须，有的被拔去头发，或者胡须头发一起被拔去，有的被关进槛笼，有的被衣服裹起来用火烧，有的被沙土活埋，有的用草缠绑用火烧，有的被放进铁驴肚中，或铁猪口中，或铁虎口中，加火烧熔，有的放进铜锅里，或铁锅中烧煮，有的被切截成一段一段的，有的被尖利的钢叉刺透，有的被铁钩子钩，有的躺在铁床上，被沸滚的油浇，有的坐在铁臼中，被铁杵捣磨，有的被大蛇咬，有的被皮鞭抽打，有的被棍杖敲打，有的被大棒痛打，有的活活地被吊在大树之上，有的头被砍下并悬挂于高处。他们在此过程中，有的死了，有的恐怖害怕，极为痛苦。摩诃男，这就叫作现法苦阴，因欲缘欲，以欲为根本。

"摩诃男，其次，众生之因欲缘欲，是以欲为根本之故，所以身行恶行，口意也行恶行。到后来，他们就会得病，或倒在床上，或坐在地上，或躺在地上，种种痛苦交迫其身，承受极为严重的苦，而不许享有爱乐。众生如果有身恶行、口意恶行，在他临命终时，在前覆障，就像太阳行将落没，高山大岗的旁边，有日影遮挡覆盖大地。就像这样，如果众生有身口意恶行，在前覆盖遮挡，他们这样想：我本来就有恶行在前面盖着我，我原本就没做好事，造了很多恶业。如果使有些人作恶行凶，一味地犯罪，不做好事，不行善事，无所畏惧，无所依赖，无所归属，随处所生的话，我一定就生在那里了。即使他有后悔之心，但悔者也不得善终，无福而死。摩诃男，这就叫作现法苦阴，因欲缘欲，以欲为本。

"摩诃男，其次，众生之因欲缘欲，是以欲为本之故，所以身行恶行，口意也行恶行。因其身口意均行恶行之故，所以身坏命终之时，一定要到恶处，生到地狱中去。摩诃男，这就叫作后世苦阴，因欲缘欲，是以欲为根本。摩诃男，所以应当知道：贪欲是一直没有快乐的，相反是无数的痛苦灾难。多闻圣弟子不能明见真理，是因为他被贪欲所覆盖，不能获得舍乐及无上寂灭的境界。摩诃男，就像这样，那多闻圣弟子是因为有贪欲之心而退失所修证并转变其位地。摩诃男，我深知贪欲没有好处，却具无数痛苦灾难，我明了此如实真理后，摩诃男，我就不会被贪欲所覆盖，也不会为罪恶所缠绕，我就能获得舍乐及无上寂灭的境界。摩诃男，所以我没有贪欲，因此也就不会退失我所修证并转变我的位地。

"摩诃男，有一次，我游化于王舍城，住在鞞跋罗山中的仙人七叶屋。摩诃男，我在午后晡时（三时至五时）从静坐中起来，前往广山，在那儿见到许多尼犍外道，他们在修习不坐之行，所以一直站着不坐，忍受着极大的痛苦。我去问他们道：'众位尼犍子，你们为什么要修习这种不坐之行，一直站着不坐下，遭受如此的痛苦呢？'他们这样答道：'瞿昙，我们有尊师尼犍叫亲子。他如此教导我们：众位尼犍子，你们如果宿命中曾造有不善之业的话，因为修习这种苦行，恶业必定尽除。如果此身有善妙之行护佑，口意也有善妙之行护佑，就会因此而不再做坏事，不再造恶业。'

"摩诃男，我又问他们道：'众位尼犍子，你们完全相信尊师的话吗？'他们又回答我道：'是这样，瞿昙，我们完全相信尊师的话，没有丝毫疑惑。'摩诃男，我又问道：'尼犍子们，就像你们一样，你们的尊师尼犍，本来曾经做下重恶之业，他本为尼犍子，死后现受生人间，出家成为尼犍子，修习不坐之行，一直站着，从不坐下，忍受如此之痛苦，就像你们诸位以及你们的弟子们。'他们又对我说道：'瞿昙，快乐并不是因身心适悦而有，而是

要因有苦才能得。就像频鞞娑罗王之乐，为沙门瞿昙所不如啊！'

"我又对他们道：'你们真是痴狂无知，所言所说，毫无意义。为什么呢？你们既不善，又什么也不懂，从而不知时，就是说你们曾这么说：就像频鞞娑罗王之乐，是沙门瞿昙所不及的啊。尼犍，你们本应当如此问：究竟谁更快乐，是频鞞娑罗王呢，还是沙门瞿昙呢？尼犍子，如果我这么说，是我更快乐，频鞞娑罗王不如我的话，尼犍子，你们就可以这么说：就像频鞞娑罗王之乐，是沙门瞿昙所不及的啊。'那些尼犍子就这么说道：'瞿昙，我们现在问沙门瞿昙，是谁更快乐呢？是频鞞娑罗王呢，还是沙门瞿昙呢？'我就又道：'尼犍子，我现在问你们，你们根据我的问题回答，众尼犍子意下如何？频鞞娑罗王能得如意静默无言，因此七天七夜中获得欢喜快乐吗？'尼犍子们答道：'不能啊，瞿昙。''那么，能在六、五、四、三、二或一天一夜里，获得欢喜快乐吗？'尼犍子们答道：'不能啊，瞿昙。'我又问道：'尼犍子，我能得如意静默无言，因此一天一夜中获得欢喜快乐吗？'尼犍子们答道：'是这样的，瞿昙。''那么，我能在二、三、四、五、六或七天七夜里获得欢喜快乐吗？'尼犍子们答道：'是这样的，瞿昙。'我又问道：'众尼犍子，意下如何？是谁更快乐，是频鞞娑罗王呢，还是我呢？'尼犍子们答道：'瞿昙，像我们这样聆听并理解了沙门瞿昙所说的，是瞿昙更为快乐，而频鞞娑罗王所不如啊。'

"摩诃男，因此而知道贪欲是没有快乐的，只有无数的痛苦和灾难。如果多闻圣弟子不能见到如实真理的话，他就将为欲望所覆盖，被恶、不善所缠绕，就不能获得舍乐及无上寂灭的境界。摩诃男，就像这样，那多闻圣弟子就会因为有贪欲之心而退失所修证并转变其位地。摩诃男，我知道有贪欲是没有快乐的，相反只有无数的痛苦和灾难。我知晓如此如实真理，便不会为欲望所覆盖，也不会被恶、不善之法所缠绕，就能获得舍乐及无上息境界。摩诃男，所以我不会为欲望而退失所修证并转变我的位地。"

佛就是这么说的，释摩诃男及众位比丘听了佛所说的法以后，高高兴兴地遵守奉行。

2 阿兰那经

——人命甚短暂，行善修梵行

原典

我闻如是：

一时，佛游舍卫国，在胜林给孤独园。

尔时，诸比丘于中食①后，集坐讲堂，论如是事："诸贤，甚奇，甚奇！人命极少，要至后世，应作善事，应行梵行，生无不死。然今世人于法行②、于义行、于善行、于妙行，无为无求。"

彼时世尊在昼行处，以净天耳③出过于人，闻诸比丘于中食后，集坐讲堂，论如是事："诸贤，甚奇，甚奇！人命极少，要至后世，应作善事，应行梵行，生无不死。然今世人于法行、于义行、于善行、于妙行，无为无求。"④

世尊闻已，则于晡时从燕坐⑤起，往诣讲堂，在比丘众前敷座而坐，问诸比丘："汝论何事？以何等故集坐讲堂？"

时，诸比丘白曰："世尊，我等众比丘，于中食后集坐讲堂，论如是事：'诸贤，甚奇，甚奇！人命极少，要至后世，应作善事，应行梵行，生无不死。然今世人于法行、于义行、于善行、于妙行，无为无求。'世尊，我等共论此事。以此事故，集坐讲堂。"

世尊叹曰："善哉，善哉！比丘，谓汝作是说：'诸贤，甚奇，甚奇！人命极少，要至后世，应作善事，应行梵行，生无不死。然今世人于法行、于义行、于善行、于妙行，无为无求。'⑥所以者何？我亦如是说：'甚奇，甚奇！人命极少，要至后世，应作善事，应行梵行，生无不死。然今世人于法行、于义行、于善行、于妙行，无为无求。'⑦所以者何？乃过去世时，有众生寿八万岁。比丘，人寿八万岁时，此阎浮洲⑧极大丰乐，饶财珍宝。村邑相近，如鸡一飞。比丘，人寿八万岁时，女年五百乃当出嫁。比丘，人寿八万岁时，唯有如是病，谓：寒、热、大小便、欲、不食、老，更无余患。

"比丘，人寿八万岁时，有王名拘牢婆，为转轮王，聪明智慧。有四种军，整御天下。由己自在，如法法王⑨，成就七宝。彼七宝者：轮宝、象宝、马宝、珠宝、女宝、居士宝、主兵臣宝，是谓为七。千子具足，颜貌端正，勇猛无畏，能伏他众。必当统领此一切地乃至大海，不以刀杖，以法教令，令得安隐。

"比丘，拘牢婆王，有梵志名阿兰那大长者^⑩，为父母所举，受生清净^⑪。乃至七世父母不绝种族，生生无恶。博闻总持^⑫，诵过四典经，深达因、缘、正、文、戏^⑬五句说。比丘，梵志阿兰那有无量百千摩纳磨^⑭。梵志阿兰那为无量百千摩纳磨住一无事处教学经书。

"尔时，梵志阿兰那独住静处，燕坐思惟，心作是念：甚奇，甚奇！人命极少，要至后世，应作善事，应行梵行，生无不死。然今世人于法行、于义行、于善行、于妙行，无为无求。我宁可剃除须发，着袈裟衣，至信、舍家，无家学道。于是梵志阿兰那往至若干国众多摩纳磨所，而语彼曰：'诸摩纳磨，我独住静处，燕坐思惟，心作是念：甚奇，甚奇！人命极少，要至后世，应作善事，应行梵行，生无不死。然今世人于法行、于义行、于善行、于妙行，无为无求。我今宁可剃除须发，着袈裟衣，至信、舍家，无家学道。^⑮诸摩纳磨，我今欲剃除须发，着袈裟衣，至信、舍家，无家学道。汝等当作何等？'

"彼若干国众多摩纳磨白曰：'尊师，我等所知皆蒙师恩，若尊师剃除须发，着袈裟衣，至信、舍家，无家学道者，我等亦当剃除须发，着袈裟衣，至信、舍家，无家，从彼尊师，出家学道。'于是，梵志阿兰那则于后时，剃除须发，着袈裟衣，至信、舍家，无家学道。彼若干国众多摩纳磨，亦剃除须发，着袈裟衣，至信、舍家，无家，从彼尊师梵志阿兰那出家学道。是为尊师阿兰那，是为尊师阿兰那弟子名号生也。

"尔时，尊师阿兰那为弟子说法：'诸摩纳磨，甚奇，甚奇！人命极少，要至后世，应作善事，应行梵行，生无不死。然今世人于法行、于义行、于善行、于妙行，无为无求。'

"尔时，尊师阿兰那为弟子说法：'诸摩纳磨，甚奇，甚奇！人命极少，要至后世，应作善事，应行梵行，生无不死。然今世人于法行、于义行、于善行、于妙行，无为无求。'⑯如是尊师阿兰那为弟子说法。

"复次，尊师阿兰那为弟子说法：'摩纳磨，犹如朝露滴在草上，日出则消，暂有不久。如是摩纳磨，人命如朝露，甚为难得。至少少味⑰，大苦灾患，灾患甚多。'如是尊师阿兰那为弟子说法。复次，尊师阿兰那为弟子说法：'摩纳磨，犹大雨时，滴水成泡，或生或灭。如是摩纳磨，人命如泡，甚为难得。至少少味，大苦灾患，灾患甚多。'如是尊师阿兰那为弟子说法。复次，尊师阿兰那为弟子说法：'摩纳磨，犹如以杖投着水中，还出至速。如是摩纳磨，人命如杖投水出速，甚为难得。至少少味，大苦灾患，灾患甚多。'如是尊师阿兰那为弟子说法。

"复次，尊师阿兰那为弟子说法：'摩纳磨，犹新瓦杅[18]投水即出，着风热中，干燥至速。如是摩纳磨，人命如新瓦杅水渍速燥，甚为难得。至少少味，大苦灾患，灾患甚多。'如是尊师阿兰那为弟子说法。复次，尊师阿兰那为弟子说法：'摩纳磨，犹如小段肉着大釜水中，下炽然火，速得消尽。如是摩纳磨，人命如肉消，甚为难得。至少少味，大苦灾患，灾患甚多。'如是尊师阿兰那为弟子说法。复次，尊师阿兰那为弟子说法：'摩纳磨，犹缚贼送至标[19]下杀，随其举足，步步趣死，步步趣命尽。如是摩纳磨，人命如贼，缚送标下杀，甚为难得。至少少味，大苦灾患，灾患甚多。'如是尊师阿兰那为弟子说法。

"复次，尊师阿兰那为弟子说法：'摩纳磨，犹如屠儿牵牛杀子，随其举足，步步趣死，步步趣命尽。如是摩纳磨，人命如牵牛杀，甚为难得。至少少味，大苦灾患，灾患甚多。'如是尊师阿兰那为弟子说法。复次，尊师阿兰那为弟子说法：'摩纳磨，犹如机织，随其行纬，近成近讫。如是摩纳磨，人命如机织讫，甚为难得。至少少味，大苦灾患，灾患甚多。'如是尊师阿兰那为弟子说法。复次，尊师阿兰那为弟子说法：'摩纳磨，犹如山水瀑涨，流疾多有所漂，水流速驶[20]，无须臾停。如是摩纳磨，人寿行速，去无一时住。如是摩纳磨，人命如驶水

流，甚为难得。至少少味，大苦灾患，灾患甚多。’如是
尊师阿兰那为弟子说法。

"复次，尊师阿兰那为弟子说法：‘摩纳磨，犹如夜暗
以杖投地，或下头堕地，或上头堕地，或复卧堕，或堕净处，
或堕不净处。如是摩纳磨，众生为无明㉑所覆，为爱所系，
或生泥犁㉒，或生畜生，或生饿鬼，或生天上，或生人
间。如是摩纳磨，人命如暗杖投地，甚为难得。至少少味，
大苦灾患，灾患甚多。’如是尊师阿兰那为弟子说法。

"复次，尊师阿兰那为弟子说法：‘摩纳磨，我于世
断除贪伺，心无有诤㉓。见他财物诸生活具，不起贪伺，
欲令我得。我于贪伺净除其心。如是嗔恚㉔、睡眠㉕、调
悔㉖，我于世断疑度惑。于诸善法无有犹豫。我于疑惑
净除其心。摩纳磨，汝等于世亦当断除贪伺，心无有诤。
见他财物诸生活具，不起贪伺欲令我得。汝于贪伺净除
其心。如是嗔恚、睡眠、调悔，汝于世断疑度惑，于诸
善法无有犹豫。’如是尊师阿兰那为弟子说法。

"复次，尊师阿兰那为弟子说法：‘摩纳磨，我心与
慈㉗俱，遍满一方成就游。如是二三四方，四维上下，普
周一切，心与慈俱，无结无怨，无恚无诤，极广甚大，
无量善修，遍满一切世间成就游。如是悲喜心与舍俱，
无结无怨，无恚无诤，极广甚大，无量善修，遍满一切
世间成就游。摩纳磨，汝等亦当心与慈俱，遍满一方成

就游。如是二三四方，四维上下，普周一切，心与慈俱，无结无怨，无恚无诤，极广甚大，无量善修，遍满一切世间成就游。如是悲喜心与舍俱，无结无怨，无恚无诤，极广甚大，无量善修，遍满一切世间成就游。'如是尊师阿兰那为弟子说法。

"复次，尊师阿兰那为弟子说梵世㉘法。若尊师阿兰那为说梵世法时，诸弟子等有不具足奉行法者，彼命终已，或生四王天㉙，或生三十三天㉚，或生焰摩天㉛，或生兜瑟哆天㉜，或生化乐天㉝，或生他化乐天㉞。若尊师阿兰那为说梵世法时，诸弟子等设有具足奉行者；修四梵室㉟，舍离于欲，彼命终已得生梵天。尔时，尊师阿兰那而作是念：我不应与弟子等同俱至后世，共生一处。我今宁可更修增上慈㊱，修增上慈已，命终得生晃昱天㊲中。

"尊师阿兰那则于后时更修增上慈，修增上慈已，命终得生晃昱天中。尊师阿兰那及诸弟子，学道不虚，得大果报。比丘，于意云何？昔时尊师阿兰那者谓异人耶？莫作斯念。所以者何？比丘当知：即是我也。我于尔时名尊师阿兰那，我于尔时有无量百千弟子，我于尔时为诸弟子说梵世法。

"我说梵世法时，诸弟子等有不具足奉行法者，彼命终已，或生四王天，或生三十三天，或生焰摩天，或生兜瑟哆天，或生化乐天，或生他化乐天。我说梵世法时，诸弟子等设有具足奉行法者，修四梵室，舍离于欲，彼命终已，得生梵天。我于尔时而作是念：我不应与弟子等同俱至后世共生一处。我今宁可更修增上慈，修增上慈已，命终得生晃昱天中。我于后时更修增上慈，修增上慈已，命终得生晃昱天中。我于尔时及诸弟子学道不虚，得大果报。

"我于尔时自饶益，亦饶益他，饶益多人。愍伤世间，为天为人求义及饶益，求安隐快乐。我于尔时说法不至究竟，不究竟白净^㊳，不究竟梵行。不究竟梵行讫，我于尔时不离生老病死、啼哭忧戚，亦未能得脱一切苦。比丘，我今出世^㊴，如来、无所着、等正觉、明行成为、善逝、世间解、无上士、道法御、天人师、号佛众祐^㊵。我今自饶益亦饶益他，饶益多人。愍伤世间，为天为人求义及饶益，求安隐快乐。我今说法，得至究竟，究竟白净、究竟梵行、究竟梵行讫，我今已离生老病死、啼哭忧戚，我今已得脱一切苦。

"比丘，若有正说^㊶者，人命极少，要至后世，应行善事，应行梵行，生无不死。比丘，今是正说。所以者何？今若有长寿远至百岁，或复小过者。若有长寿者，命存三百时^㊷：春时百、夏时百、冬时百。是命存千二百月，春四百月，夏四百，冬四百。命存千二百月者，命存二千四百半月，春八百、夏八百、冬八百。命存二千四百半月者，三万六千昼夜，春万二千、夏万二千、冬万二千。命存三万六千昼夜者，七万二千食[43]，及障碍，及母乳。

"于有障碍，苦不食，嗔不食，病不食，有事不食，行来不食，至王间不食，斋日不食，不得者不食，是谓比丘一百岁命存。百岁数、时数、岁时数，月数、半月数、月半月数，昼数、夜数、昼夜数，食数、障碍数、食障碍数。比丘，若有尊师所为弟子起大慈哀，怜念愍伤，求义及饶益，求安隐快乐者，我今已作，汝亦当复作。至无事处、山林树下、空安静处，燕坐思惟，勿得放逸，勤加精进，莫令后悔。此是我之教敕，是我训诲。"

佛说如是，彼诸比丘闻佛所说，欢喜奉行。

（选自《中阿含经》卷四十《梵志品·阿兰那经》第九）

注释

①**中食**：斋食的异名，因当日中而食，过午则不食。《释氏要览》上："《僧祇律》云：时食，谓时得食，非时不得食。今言中食，以天中日午时得食，当日中，故言中食。"

②**法行**："行"指一切精神现象和物质现象的生起和变化活动，在此，我们简译作"事"。

③**净天耳**：清净天耳。天耳指色界诸天人所有的耳根，能听见六道众生的语言及远近粗细一切声音。因其由色界所属清净之四大和合而成，故称"净天耳"。

④"诸贤，甚奇，甚奇！……无为无求"，重复前文，故译文略。前"（世尊）闻诸比丘……论如是事"亦因重复而略。

⑤**燕坐**：即宴坐，闲坐。

⑥同注④，重复而略。

⑦此段话多次重复，为经之重点。

⑧**阎浮洲**："四大部洲"之一。"阎浮"为 Jambu 的音译，也译作"赡部"，树名。"洲"为 Dvīpa 的意译。此洲盛产赡部树，位于须弥山南海咸海里，故多称"南赡部洲"。

⑨**法王**：即称佛。佛于法自在，故名。《法华经·譬喻品》："我为法王，于法自在。"

⑩**长者**：有钱财且又德行高的大富翁。

⑪**受生清净**：佛典有"七种不净"，其二为"受生不净"，指父母交媾赤白和合之不净。"受生清净"该与此相反。

⑫**总持**：梵语 Dhāraṇi（陀罗尼）的意译。据东晋僧肇《注维摩经》卷一："肇曰：总持，谓持善不失，持恶不生，无所漏忌谓之持。"

⑬**戏**：此句"戏"有"借用"之意。

⑭**摩纳磨**：为梵语 Māṇavaka 的音译，也作"摩纳婆""摩纳缚"等。意译为儒童、少年、人、长者等。此处译作弟子、学生。

⑮**"诸摩纳磨……无家学道"** 一段与前重复意同，故译时略。

⑯**"尔时，尊师阿兰那为弟子说法……无为无求"** 一段与前重复意同，故译时略。

⑰**至少少味**：这该是譬喻用法，指生命刚开始形成。佛教认为人生痛苦的直接原因是有"生"，生是苦的开端，生命是受苦的实体。人生的过程，可划分为许多部分，这些部分互相结合为无止境的痛苦锁链。所以生命一开始，痛苦也就随之而来。

⑱**瓦杅**：宋、元、明本《大藏经》作"瓦盂"，即瓦盆。

⑲**标**：通"镖"，古代武器之一种，形状像长矛的头，投掷出去可杀伤人。

⑳**驶**：宋、元、明本《大藏经》作"驶"，迅速义。

㉑**无明**：梵文 Avidyā 的意译，也译作"痴"或"愚痴"。"十二因缘"之一，"三毒"之一，"根本烦恼"之一。也泛指无智、愚昧等。

㉒**泥犁**：梵文 Niraya 的音译，意译为"地狱"。

㉓**诤**：通“争”。

㉔**嗔恚**：也简作“嗔”，梵文 Pratigha 的意译。“三毒”之一，指仇恨和损害他人的心理。

㉕**睡眠**：也简称“睡”，梵文 Middha 的意译。指心处于昏迷而不由自主的状态。

㉖**调悔**：调通“掉”。掉也称“掉举”，梵文 Auddhatya 的意译。烦恼之一，指能使心躁浮不静的作用。掉悔即掉举与追悔的合称，因同为使心躁浮不静之烦恼。

㉗**慈**：即“慈无量心”，“四无量心”之一。四无量心指：（一）慈无量心：思惟如何为众生做好事，给以欢乐；（二）悲无量心：思惟如何才能拯救众生苦难；（三）喜无量心：见到其众生离苦得乐，感到喜悦；（四）舍无量心：对众生无憎无爱，一视同仁，平等对待。

四无量心也称“四无量”“四等心”“四梵住”“四梵堂”“四梵室”等。下文“悲喜心与舍”即其之三，故在此一并释。

㉘**梵世**：也称“梵世天”“梵世界”。色界诸天，总称梵世界。为离淫欲之梵天所住处。

㉙**四王天**：也称“四天王天”，“六欲天”之一，即四大天王所居之天。据印度佛教，须弥山腰有一山名犍陀罗山，山有四峰，各有一王居之，各护一天下，故名。四大天王即东方持国天王、南方增长天王、西方广目天王、

北方多闻天王。

㉚**三十三天**："六欲天"之一。佛教谓在须弥山顶中央为帝释天，其四方各有八天，共三十三天。

㉛**焰摩天**：梵文 Yāma 的音译，多作"夜摩天"，"六欲天"之一，在三十三天之上十六万由旬，永为白昼。

㉜**兜瑟哆天**：梵文 Tuṣita 的音译，多作"兜率陀天"或"兜率天"，"六欲天"之一，在夜摩天之上三亿二万由旬，一昼夜，相当于人间四百年。

㉝**化乐天**：梵文 Nirmāṇarati 的意译，也作"乐变化天""化自乐天"等。"六欲天"之一，在兜率天上十六亿四万由旬，居于此者做种种乐具，娱乐随意，变化自在，故名。

㉞**他化乐天**：梵文 Paranirmitavaśavartin 的意译，也作"他化自在天""他化天"等。"六欲天"之一，在乐变化天上十二亿八千由旬。

㉟**四梵室**：即"慈、悲、喜、舍"四无量心。因修"四无量心"，死后可生"大梵天"，故称。

㊱**增上慈**：更进一层的慈心。

㊲**晃昱天**：又作光音天，为色界二禅之顶天。

㊳**白净**：即清净。

㊴**出世**：指佛如来为度脱众生而出现于世。

㊵**如来、无所着、等正觉、明行成为、善逝、世间**

解、无上士、道法御、天人师，号佛众祐：这一句基本都是佛的尊号。"如来"为释迦牟尼佛"十号"之一，乘"如"实之道"来"而成正觉之意。"无所着"为佛"十号"之二，因佛不执着于世俗尘染。"等正觉"为佛"十号"之三，也作"正遍知"，能够正确遍知一切事物。"明行"即"明行足"，为佛"十号"之四，指具有能知过去的"宿命明"，能知未来世的"天眼明"和断尽烦恼、得大解脱的"漏尽明"。"善逝"为佛"十号"之五，指佛入涅槃。"世间解"为佛"十号"之六，指能了解世间的一切，从世间获得彻底解脱。"无上士"为佛"十号"之七，指佛为世间最尊贵者，至高无上。"道法御"盖即"调御师"，为佛"十号"之八，也称"调御丈夫"，善于说教并引导世间修行者（"丈夫"）通往涅槃。"天人师"为佛"十号"之九，即人、天的导师。"佛众祐"即"佛世尊"，佛"十号"之十，佛即世尊，两个名词合而为一。"世尊"是新译，表世间之尊意。"众祐"是旧译，有众德助成或众福助成之义。

㊶**正说**：真实、正确的说法，相对邪说和傍说而言。

㊷**时**：季节。这里认为一年有三季：春、夏、冬。

㊸**七万二千食**：以寿长三万六千日的人来计算，七万二千食者，即每天吃两顿。

译文

我曾听佛这样说过：

有一次，佛游化于舍卫国，在胜林给孤独园。

当时，诸位比丘用过斋食以后，一起坐在讲堂里，议论这样的事："众位贤者，真是太奇怪了！人命短暂，想要再到后世的话，就应做善事，修习梵行，有生必有死。但当今的世俗之徒对于法事、有义之事、善事、妙不思议之事，却既不做也不求。"

当时，世尊正在白天游行教化之处，以其清净天耳听力超出常人，听到了诸位比丘斋食之后的如此议论。

世尊听完后，在下午申时（三时至五时）时分，从静坐中起来，前往讲堂，在诸位比丘前敷设了一个座位而坐下，然后问众比丘："你们在议论什么事？为什么聚集一起坐在讲堂内？"

当时，诸位比丘答道："我们众比丘，在中食后，集中一起坐在讲堂内，议论这样的事：'众位贤者，真是太奇怪了！人命短暂，想要再到后世的话，就应做善事，修习梵行，有生必有死。但当今的世俗之徒对于法事、有义之事、善事、妙不思议之事，却既不做也不求。'世尊，我们在一起讨论的就是这事。因为这件事，所以集中坐在讲堂里。"

世尊感叹道："好啊，好啊！众比丘，你们是这么说的，我也是这么说的：'众位贤者，真是太奇怪了！人命短暂，想要到后世的话，就应做善事，修习梵行，有生必有死。但当今的世俗之徒对于法事、有义之事、善事、妙不思议之事，却既不做也不求。'那么，是什么原因呢？乃过去之世，有众生寿命八万岁。比丘，人寿命长八万岁时，这阎浮洲非常大，富裕快乐，有很多金银财宝。城市与乡村相距很近，就像鸡飞一次所能达到的距离。比丘，人寿命长八万岁时，女人年龄达五百岁才出嫁。比丘，人寿八万岁时只有这样的病：寒、热、大便、小便、欲念、不吃、老，没有别的疾病。

"比丘，人寿命长八万岁时，有王名叫拘牢婆。拘牢婆是转轮王，既聪明，又有智慧。他有四种军队，以此治理、统率天下。拘牢婆王自在无拘，就像于法自在的法王如来，完备拥有七宝。所谓七宝，即轮宝、象宝、马宝、珠宝、女宝、居士宝、主兵臣宝七样，所以称为'七'。拘牢婆王有一千个儿子，个个长得端正庄重，而且英勇强壮，无所畏惧，能降伏他众。拘牢婆王一定要统率治理这里所有地方乃至一直到大海，但他不是以武器刀杖，而是用佛法教化，使众生得以安隐。

"比丘，拘牢婆王时，有位梵志名叫阿兰那，是位大长者。虽为父母所生，但受生清净，所以直至七世父母都不绝其种族，生生世世无罪无恶。见闻广博，总持无漏。读过四典众经，深刻明了因、缘、正、文、借用五句之说。众比丘，梵志阿兰那有数不清的弟子。他让他们住在一所安静无事之处，教他们学习经书。

"那时，梵志阿兰那独自住在一所幽静之处，静坐思惟，心中这样想道：真是太奇怪了！人的生命极其短暂，想要再到后世的话，就应做善事，修习梵行，有生必有死。然当今世俗之辈对于法事、有义之事、善事、妙不思议之事，却既不做也不求。我宁可剃除须发，穿上袈裟，离开家庭，一心一意学道修行。于是，梵志阿兰那去了很多国家，找到了他的很多弟子，对他们说了自己的想法和做法，又问他们：'众弟子，我现在宁可剃除须发，穿上袈裟，一心一意离家学道修行。你们有什么打算？'

"各国众弟子对他说道：'尊敬的老师，我们的知识，全是老师教的。若您剃除须发，穿上袈裟，一心一意离开家庭，学道修行的话，我们也应当剃除须发，穿上袈裟，一心一意放弃家庭，跟着尊师，出家学道修行。'于是，梵志阿兰那后来就剃除了须发，穿上了袈裟，离开了家，一心一意学道修行。他的那些各国弟子也剃除了须发，穿上了袈裟，离开了家，跟着尊师一心一意出家，学道修行。这就是尊师阿兰那。尊师阿兰那弟子的名号亦由此而生。

"当时，尊师阿兰那为弟子说法：'众位弟子，真是太奇怪了！人的生命极其短暂，想要再到后世的话，就应该做善事，修习梵行，有生必有死。但是现在的世俗之辈对于法事、有义之事、善事、妙不思议之事，却既不做也不求。'当时，尊师阿兰那将此话反复又说了一遍。阿兰那就是这样为弟子说法。

"他接着又为众弟子说法道：'众位弟子，譬如朝露滴在草上，日出就消失，时间极为短暂。弟子们，人的生命就像朝露，非常难得。生命历程刚起步，痛苦灾难亦随即而来，且多灾多难。'尊师阿兰那就这样为弟子说法。接着，他又继续为弟子说法道：'众弟子，譬如大雨时滴水成水泡，或生或灭。弟子们，人的生命就像水泡，极为难得。人刚生下，大苦大难就出现了，而且很多。'尊师阿兰那就这样为弟子说法。接着，他又继续为弟子说法道：'众弟子，譬如把木杖扔进水里，木杖随即又浮出水面。弟子们，人的生命就像把木杖扔进水中而随即出现，那短暂之时实在难得。人生一起步，无数痛苦灾难就紧接而生。'尊师阿兰那就这样为弟子说法。

"接着他又继续为弟子说法道：'众弟子，譬如把刚烧好的瓦盆放进水中又立即拿出，再放在热风中，很快就能干燥。弟子们，人的生命就像这新瓦盆浸水而迅速干燥，真是难得。人生伊始，灾难痛苦即应运而生，且很多很多。'尊师阿兰那就这样为弟子说法。接着，他又继续为弟子说法道：'众弟子，譬如把一小块的肉放在大锅的水里，下面用大火烧，肉很快就被烧烂不见。弟子们，人的生命就像这肉迅速销熔不见，生命是非常难得。生命历程刚起步，痛苦灾难亦随即而来，且多灾多难。'尊师阿兰那就这样为弟子说法。接着他又继续为弟子说法道：'众弟子，譬如把强盗捆绑起来送到镖枪下等待刺杀。从他开始起步，就在一步一步走向死亡。走到尽头，命也就完了。弟子们，人的生命就像捆绑强盗送到镖枪下刺杀一般，极为难得。人刚生下来，大苦大难就出现了，而且很多。'尊师阿兰那就这样为弟子说法。

"接着他又继续为弟子说法道：'众弟子，譬如屠师牵了牛去屠宰场，从牛抬脚开始，就在一步一步走向死亡。走到尽头，命也就完了。弟子们，人的生命就像牵了牛去屠宰场，实在难得。人生一起步，无数痛苦灾难就紧接而生。'尊师阿兰那就这样为弟子说法。接着，他又继续为弟子说法道：'众弟子，譬如织布机织布，随着纬线之行，靠得近，也就完成得快。弟子们，人的生命就像这织布机织完布，真是难得。人生伊始，灾难痛苦就应运而生，且很多很多。'尊师阿兰那就这样为弟子说法。接着，他又继续为弟子说法道：'众弟子，譬如山洪猛涨，水流很急，迅速漂流而去。水流之急速，没有一刻停止。弟子们，人的生命就像这急速的流水，非常难得。生命历程刚起步，痛苦灾难亦随即而来，且是多灾多难。'尊师阿兰那就这样为弟子说法。

"接着，他又继续为弟子说法道：'众弟子，譬如在黑夜中把木杖扔到地上，或者是下头掉地上，或者是上头掉地上，或者是横躺着掉地上，或掉在干净的地方，或掉在肮脏之处。弟子们，众生也是像这样被无明所蒙覆，被爱欲所系累，或堕落地狱，或成为畜生，或变成饿鬼，或生在天上，或投生为人。弟子们，人的生命就像在黑暗中把木杖往地上扔，极为难得。人刚生下，大灾大难就蜂拥而至。'尊师阿兰那就这样为弟子说法。

"接着，他又继续为弟子说法道：'众弟子，我在世上已断除了贪欲，心中不再有争夺之念。看见别人的财宝及各种生活用具，我都不会起贪图之心，想据为己有。我在心中已彻底清除贪欲之念。如此，无论是嗔恚、睡眠，还是掉悔等任何烦恼，我都能于世断疑除惑，不受干扰。对于种种善法，则没有丝毫犹豫。我还在心中清除了种种疑惑之想。弟子们，你们在世上也应当断除贪欲，心中没有争夺之念。看见别人的财宝及各种生活用具，都不要起贪图之心，想据为己有。你们应该彻底清除心中的贪欲之念。如此，无论是嗔恚、睡眠，还是掉悔等任何烦恼，你们都能于世断疑除惑，不受干扰。对于种种善法，则不要有丝毫犹豫。'尊师阿兰那就这样为弟子说法。

"接着他又继续为弟子说法道：'众弟子，我的心中满是慈心，遍满一方，成就游化。像这样，二方、三方、四方，四周上下，普天下一切，心中都充满慈心，没有怨结，没有仇怨，没有恚恨，没有争执，极广极大，无量无边，行善修善，在世间各处成就游化。就像这样，悲心、喜心与舍心一起，没有怨结，没有仇怨，没有恚恨，没有争执，极广极大，无量无边，行善修善，在世界各处成就游化。弟子们，你们也应当心里充满慈心，遍满一方，成就游化。如此，二方、三方、四方，四周上下，普天下一切，心中都充满慈心，没有怨结，没有仇怨，没有恚恨，没有争执，极广极大，无量无边，行善修善，在世间各处成就游化。就像这样，悲心、喜心与舍心一起，没有怨结，没有仇怨，没有恚恨，没有争执，极广极大，无量无边，行善修善，在世间各处成就游化。'尊师阿兰那就这样为弟子说法。

"接着他又为弟子说梵世法。若尊师阿兰那说梵世法时，诸弟子中有不能具备满足奉行此法者，命终之后，有的生四天王天，有的生三十三天，有的生夜摩天，有的生兜率天，有的生乐变化天，有的生他化自在天。若是尊师阿兰那说梵世法时，众弟子中能有具足奉行此法者，修习慈、悲、喜、舍四无量心，抛弃并远离欲念，其命终后能生梵天。那时，尊师阿兰那这样想道：我不应该与弟子们一起到后世同生一处。我宁可再修习增上慈心，修此心完后，命终后能生晃昱天中。

"尊师阿兰那于是就在后来又修习增上慈，修习增上慈了，命终后得以生晃昱天中。尊师阿兰那及其弟子，学道没有白学，都得到了极好的果报。比丘，这究竟是什么意思？过去的尊师阿兰那难道是非同寻常的人吗？不要这么想。为什么？比丘们应该知道：那就是我啊。我在那时叫尊师阿兰那。我在那时有成千上万个弟子。那时，我为弟子们说梵世法。

"我说梵世法时，众弟子中有不能具足奉行此法者，命终之后，有的生四天王天，有的生三十三天，有的生夜摩天，有的生兜率天，有的生乐变化天，有的生他化自在天。我说梵世法时，众弟子中若能有具足奉行此法者，修习慈、悲、喜、舍四无量心，抛弃并远离欲念，其命终后，能生梵天。当时我如此想道：我不应该与弟子们一起到后世同生一处。我现在宁可再修习增上慈，修习增上慈后，命终能生晃昱天中。我后来就又修习增上慈，修习增上慈了，命终后得以生晃昱天中。我在那时与众弟子一起学道，没有白学，都得到了极好的果报。

"当时我自己获益无穷，亦使他人受益无穷，使很多的人都受益无穷。我对世间怀有怜愍之心，为了诸天，为了人类，祈求真理及利益，祈求安隐快乐。那时我说法还不能圆满彻底，不能完全清净，不能修得圆满的梵行。由于不能修得圆满的梵行，因此，那时我还不能脱离生老病死、啼哭忧愁，也不能脱离一切苦难。众比丘，我现在出现于世，是如来、无所着、正遍知、明行足、善逝、世间解、无上士、调御师、天人师，号佛世尊。我现在不仅自己获益无穷，也使他人受益无穷，并使很多人都受益无穷。我对世间怀有怜愍之心，为了诸天，为了人类，祈求真理及利益，祈求安隐快乐。我现在说法已经彻底圆满，完全清净，已修得圆满梵行。由于已修得圆满梵行，因此，我现在已能脱离生老病死、啼哭忧愁，以及一切苦难。

"众比丘，若要说真理的话，就是人的生命极为短暂，想要再到后世的话，就应该做善事，修习梵行，有生必有死。比丘，这就是真实、正确的说法。为什么？如果有长寿活到一百岁，或是还稍微超过一点的人，生命有三百个季节：春季一百，夏季一百，冬季一百。此命又有一千二百个月，春天四百个月，夏天四百个月，冬天四百个月。此命有一千二百个月，也就等于二千四百个半月，春天八百，夏天八百，冬天八百。命有二千四百个半月的话，就是三万六千个白天黑夜，春天一万二千，夏天一万二千，冬天一万二千。能活三万六千个白天黑夜的人，要吃七万二千顿，还要加上有障碍时，加上母乳期。

"有障碍时，受苦不吃，嗔恨不吃，生病不吃，有事不吃，行走时不吃，进王宫时不吃，斋戒之日不吃，非己所获者不吃。众比丘，如此说来，能活一百岁的话，就有一百年数和季节数以及年季数，月数和半月数以及月半月数，昼数和夜数以及昼夜数，食数、障碍数以及食障碍数。众比丘，如果说有尊师教育弟子，起大慈之心，同情怜愍，祈求真理及利益，祈求安隐快乐的话，那我已经这么做了。你们也应该像我这样去做。没事的时候，到深山老林，找一块幽静之处，在树下静坐思惟，不能放纵于安逸、享乐，要勤奋、努力、精进，不要让自己今后后悔。这就是我的教导和训诲。"

佛就是这么说的，众比丘听了佛的教诲，高高兴兴地遵守奉行。

3 喻经

——无量善法中，不放逸为本

我闻如是：

一时，佛游舍卫国，在胜林给孤独园。

尔时，世尊告诸比丘："若有无量善法可得，彼一切以不放逸①为本，不放逸为习②，因不放逸生，不放逸为首。不放逸者于诸善法为最第一。犹作田业，彼一切因地、依地、立地，得作田业，如是若有无量善法可得，彼一切以不放逸为本，不放逸为习，因不放逸生，不放逸为首。不放逸者于诸善法为最第一。犹种子，村及与鬼村，百谷药木得生长养。彼一切因地、依地、立地，得生长养。

"如是若有无量善法可得，彼一切以不放逸为本，不放逸为习，因不放逸生，不放逸为首。不放逸者于诸善法为最第一。犹诸根香，沉香为第一。犹诸树香，赤栴檀③为第一。犹诸水华，青莲华④为第一。犹诸陆华，须摩那华⑤为第一。犹诸兽迹，彼一切悉入象迹中，象迹尽摄，彼象迹者为最第一，谓广大故。如是若有无量善法可得，彼一切以不放逸为本，不放逸为习，因不放逸生，不放逸为首。不放逸者于诸善法为最第一。犹诸兽中，彼狮子王为最第一。犹如列阵共斗战时，唯要誓为第一。犹楼观橑，彼一切皆依承橡梁立，承橡梁承橡梁皆摄持之，承橡梁者为最第一，谓尽摄故。

　　"如是若有无量善法可得，彼一切以不放逸为本，不放逸为习，因不放逸生，不放逸为首。不放逸者于诸善法为最第一。犹如诸山，须弥山王为第一。犹如诸泉，大海摄水，大海为第一。犹诸大身，阿须罗⑥王为第一。犹诸瞻待⑦，魔王为第一。犹诸行欲，顶生王⑧为第一。犹如诸小王，转轮王⑨为第一。犹如虚空诸星宿，月殿为第一。犹诸彩衣，白练为第一。犹诸光明，慧光明为第一。犹如诸众生，如来弟子第一。犹如诸法，有为及无为，爱尽、无欲、灭尽、涅槃为第一。犹诸众生，无足、二足、四足、多足，色、无色、有想、无想，乃至非有想非无想⑩，如来于彼为极第一，为大，为上，为最，为胜，为尊，为妙。犹如因牛有乳，因乳有酪，因酪有生酥，因生酥有熟酥，因熟酥有酥精，酥精为第一，为大，为上，为最，为胜，为尊，为妙。如是若有诸众生，无足、二足、四足、多足、色、无色、有想、无想，乃至非有想非无想，如来于彼为极第一，为大，为上，为最，为胜，为尊，为妙。"于是世尊说此颂曰：

> 若有求财物，极好转增多。
>
> 称誉不放逸，事无事慧说。
>
> 有不放逸者，必取二俱义。
>
> 即此世能获，后世亦复得。
>
> 雄猛观诸义，慧者必解脱。

佛说如是，彼诸比丘闻佛所说，欢喜奉行。

（选自《中阿含经》卷三十四《大品·喻经》第二十五）

注释

①**不放逸**：专注一心修习种种善法。《俱舍论》卷四："不放逸者，修诸善法，离诸不善法。"

②**习**：因、缘，可译作"原因""因缘"。

③**栴檀**：也称"檀香"，树名。产于印度、马来半岛等热带地区。木质坚硬，有香气。

④**青莲华**：印度人一般把"莲华"分成青、黄、赤、

白四种。青莲华称"优钵罗"（梵语 Utpala），其叶修广，青白分明。佛教多将其譬为佛眼。

⑤**须摩那华**：花名，也作"修摩那""苏摩那"等（梵语 Sumanā）。色黄白，有香气。

⑥**阿须罗**：梵文 Asura 的音译，多作"阿修罗"，天龙八部之一，六道之一。本为古印度神话中的一种恶神，常与天神战斗。佛教沿用其说。

⑦**瞻待**：经本作"瞻待"，据其注可作"瞻待"，故改。瞻待盖"旃陀罗"的误称。旃陀罗（梵文 Caṇḍāla），意译为屠者、恶人。为屠夫之类，也可谓专门杀人的狱卒。

⑧**顶生王**：据《顶生王经》，顶生王在征服四天下之后，又上忉利天欲害帝释而己代之。不成后又还下地，因病而死。

⑨**转轮王**：本为古印度神话中的"圣王"，因手持轮宝而得名。此王即位，自天感得轮宝，他转轮宝而降伏四方。佛教沿用其说。据佛经，转轮王有金、银、铜、铁四王，各有相应的金属制轮宝。金轮王领四洲，银轮王领东、西、南三洲，铜轮王领东、南二洲，铁轮王领南阎浮提洲。

⑩此句概指三界众生也。《法华经·随喜功德品》："有形、无形、有想、无想、非有想非无想、无足、二足、

四足、多足，如是等在众生数者。"

译文

我曾经听佛这样说过：

有一次，佛游化于舍卫国，住在胜林给孤独园。

当时，世尊告诉诸位比丘："如果能得到种种数不尽的善法的话，这所有的一切善法应以不放逸为最根本，不放逸是其因缘，一切善法因为不放逸才产生，故不放逸为首要。不放逸在种种善法中处在最重要的位置。就像种地一样，大地为一切之因，有了大地，才能在上面耕作。就像这样，如果能得到无数种种善法的话，其中一切都应以不放逸为最根本，不放逸是因缘，一切善法因为不放逸才产生，故不放逸为首要。不放逸在种种善法中处在最重要的位置。就像种子一样，一个村子接一个村子，甚至到了鬼窟，五谷杂粮、药材花木得以生产、收获。这一切是因为有了大地，大地为一切之因，有了大地，各种种子才能生长、收获。

"像这样如果有无数种种善法可以得到的话，其中的一切以不放逸为最根本。不放逸是因缘，一切善法因为不放逸才产生，故不放逸最为首要。不放逸在种种善法中处于最重要的位置。就像在许多根香中，沉香为第一。就像各种香树中，赤栴檀为第一。就像生在水里的种种花儿，青莲花为第一。就像开在陆地上的种种鲜花，须摩那华是第一。就像种种野兽脚印中，所有的脚印都不如大象的脚印，能被大象的足迹所完全容纳，大象的足迹是最大的，那是又宽又大的缘故。就像这样，如果有无数种善法可以得到的话，其中所有的一切以不放逸为最根本，不放逸是因缘，一切善法因为不放逸而产生，故不放逸为首要。不放逸在种种善法中处于最重要的位置。就像群兽之中狮子为百兽之王。就像战争之际，双方排阵列队，最重要的是宣誓，鼓舞将士们的斗志。就像高台楼观，其所有一切都是凭靠承椽梁而建立，承椽梁能承鼎所有一切，所以承椽梁是最重要的，因为它能支撑这一切。

"就像这样如果有无数善法能得到的话，其中这一切以不放逸最为第一，不放逸是因缘，一切善法因为不放逸而产生，故不放逸是第一位的。不放逸在种种善法中处于最重要的位置。就像群山之中须弥山为最。就像万川奔向大海，大海为最。就像种种大的身体，阿修罗王为最大身。就像刽子手中，魔王为第一。就像种种行欲人中，顶生王为第一。就像千百万小王中，转轮王为第一。就像天空之中星宿罗列，众星拱月，月亮为第一。就像种种彩衣丝绸之中，白练为第一。就像种种光明之中，智慧最为光明。就像芸芸众生，如来弟子为第一。

就像万法之中，有为及无为等，以爱欲灭尽、清静无欲、涅槃最为第一。就像芸芸众生，有无脚的，有两脚的，有四脚的，有多只脚的，有色、无色、有想、无想，乃至非想非非想，在此中，如来最为第一，至高无上，战无不胜，妙不可言。就像因牛而有牛乳，因牛乳而有乳酪，因乳酪而有生酥，因生酥而有熟酥，因熟酥而有酥精，其中酥精为第一，为最上品，最妙，最好。像这样如果芸芸众生，没脚的、两脚的、四脚的、多脚的，有色无色、有想无想，乃至非有想非无想，如来于此之中是最为第一，至高无上，战无不胜，妙不可言。"于是世尊讲说如此偈颂道：

> 如果想求得财物，极妙极好又增多。
> 有人赞扬不放逸，有事无事说慧言。
> 若有心不放逸者，必定得获双重义。
> 此世即能获果报，后世也能又再得。
> 雄猛勇敢观众义，有智慧者必解脱。

佛就是这么说的，那些比丘听了佛所说的，高高兴兴地遵守奉行。

4 瞻波经

——摈除不净者，众修清净行

原典

我闻如是：

一时，佛游瞻波①，在恒伽池②边。

尔时，世尊月十五日说从解脱③。时，于比丘众前敷座而坐。世尊坐已，即便入定。以他心智④，观察众心。观众心已，至初夜⑤竟，默然而坐。于是有一比丘，即从坐⑥起，偏袒着衣，叉手向佛，白曰："世尊，初夜已讫，佛及比丘众集坐来久，唯愿世尊说从解脱。"

尔时，世尊默然不答。于是，世尊复至中夜默然而坐。彼一比丘再从坐起，偏袒着衣，叉手向佛，白曰："世尊，初夜已过，中夜将讫，佛及比丘众集坐来久，唯愿世尊说从解脱。"

世尊亦再默然不答。于是，世尊复至后夜默然而坐。彼一比丘三从坐起，偏袒着衣，叉手向佛，白曰："世尊，初夜既过，中夜复讫，后夜垂尽，将向欲明，明出不久。佛及比丘众集坐极久，唯愿世尊说从解脱。"

尔时，世尊告彼比丘："于此众中，有一比丘，已为不净。"

彼时，尊者大目犍连⑦亦在众中。于是，尊者大目犍连便作是念：世尊为何比丘而说，此众中有一比丘已为不净，我宁可入如其像定⑧，以如其像定他心之智观察众心。

尊者大目犍连即入如其像定，以如其像定他心之智观察众心。尊者大目犍连便知世尊所为比丘说，此众中有一比丘，已为不净。于是，尊者大目犍连即从定起，至彼比丘前，牵臂将出，开门置外："痴人远去，莫于此住，不复得与比丘众会。从今已去，非是比丘。"闭门下钥，还诣佛所，稽首佛足，却坐一面白曰："世尊所为比丘说，此众中有一比丘已为不净者，我已逐出。世尊，初夜既过，中夜复讫，后夜垂尽，将向欲明，明出不久。佛及比丘众集坐极久，唯愿世尊说从解脱。"

世尊告曰："大目犍连，彼愚痴人当得大罪，触娆世尊及比丘众。大目犍连，若使如来在不净众说从解脱者，彼人则便头破七分⑨。是故大目犍连，汝等从今已后说从解脱，如来不复说从解脱。所以者何？如是大目犍连，或有痴人正知出入，善观分别屈伸、低仰、仪容、庠序，善着僧伽梨⑩及诸衣钵，行住坐卧，眠寤语默，皆正知之，似如真梵行。至诸真梵行所，彼或不知。大目犍连，若诸梵行知者，便作是念：是沙门污，是沙门辱，是沙门憎，是沙门刺。知已，便当共摈弃之。所以者何？莫令污染诸梵行者。

"大目犍连，犹如居士有良稻田，或有麦田，生草名秽麦，其根相似，茎、节、叶、花皆亦似麦。后生实已，居士见之，便作是念：是麦污辱，是麦憎刺。知已便拔，掷弃于外。所以者何？莫令污秽余真好麦。如是大目犍连，或有痴人正知出入，善观分别屈伸、低仰、仪容、庠序，善着僧伽梨及诸衣钵，行住坐卧，眠寤语默，皆正知之，似如真梵行。至诸真梵行所，彼或不知。大目犍连，若诸梵行知者，便作是念：是沙门污，是沙门辱，是沙门憎，是沙门刺。知已，便当共摈弃之。所以者何？莫令污染诸梵行者。

"大目犍连，犹如居士秋时扬谷，谷聚之中若有成实者，扬便止住。若不成实及秕糠者，便随风去。居士见已，即持扫帚，扫治令净。所以者何？莫令污杂余净好稻。如是大目犍连，或有痴人正知出入，善观分别屈伸、低仰、仪容、庠序，善着僧伽梨及诸衣钵，行住坐卧，

眠寤语默，皆正知之，似如真梵行。至诸真梵行所，彼
或不知。大目犍连，若诸梵行知者，便作是念：是沙门
污，是沙门辱，是沙门憎，是沙门刺。知已，便当共摈弃
之。所以者何？莫令污染诸梵行者。

"大目犍连，犹如居士为过泉水，故作通水槽。持斧
入林，叩打诸树。若坚实者，其声便小；若空中者，其
声便大。居士知已，便斫治节，拟作通水槽。如是大目
犍连，或有痴人正知出入，善观分别屈伸、低仰、仪容、
庠序，善着僧伽梨及诸衣钵，行住坐卧，眠寤语默，皆
正知之，似如真梵行。至诸真梵行所，彼或不知。大目
犍连，若诸梵行知者，便作是念：是沙门污，是沙门辱，
是沙门憎，是沙门刺。知已，便当共摈弃之。所以者何？
莫令污染诸梵行者。"

于是世尊说此颂曰：

> 共会集当知，恶欲憎嫉恚；
> 不语结恨悭，嫉妒谄欺诳。
> 在众诈言息，屏处称沙门；
> 阴作诸恶行⑪，恶见⑫不守护。
> 欺诳妄语言，如是当知彼；
> 往集不与会，摈弃不共止。
> 欺诈诳说多，非息称说息；

知时具净行，摈弃远离彼。

清净共清净，常当共和合；

和合得安隐，如是得苦边。

佛说如是，彼诸比丘闻佛所说，欢喜奉行。

（选自《中阿含经》卷二十九《大品·瞻波经》第六）

注释

①**瞻波**：梵文 Campā 的音译，国名。Campā 本为树名，即木棉树。此以木名国，在中印度恒河边。

②**恒伽池**：即恒河。

③**从解脱**：即"别解脱"，为戒的别名。

④**他心智**："十智"之一，能知他人心念之智。

⑤**初夜**：一天一夜共分六时：昼三时，夜三时。昼三时为早晨、中午、日落。夜三时为初夜、中夜、后夜。

⑥**坐**：通"座"。

⑦**尊者大目犍连**：佛弟子，全称"摩诃目犍连"，简称"目连"。古印度摩揭陀国王舍城郊人，属婆罗门种姓。皈依释迦牟尼佛之后，为其"十大弟子"之一。因其神通广大，据说能飞上兜率天，故有"神通第一"之称。

⑧**像定**：盖与"像观""像想"同义。在"入定"状态下，

观察思惟特定的对象。

⑨**头破七分**：佛经中有恼乱如来说法，头破作七分的说法，如《法华经·陀罗尼品》："若不顺我咒，恼乱说法者，头破作七分，如阿梨树枝。"

⑩**僧伽梨**：梵文 Saṅghāṭi 的音译，也作"僧伽胝"等。比丘所穿"三衣"之一，进王宫和出入城镇村落时穿用，用九条布乃至二十五条布缝制而成。

⑪**恶行**：坏事，不善之行。

⑫**恶见**：违背佛教真理的见解。

译文

我曾听佛这样说过：

佛有一次游化于恒河边的瞻波国。

当时，正值十五日，是佛说别解脱戒时，佛于众比丘前敷座而坐。世尊坐下后，就开始入定。佛以他心智观察众生之心。观心结束以后，一直到初夜过完，都默默静坐。于是有一位比丘从其座位上起来，穿着袈裟，偏袒右肩，合掌叉手对佛说道："世尊，初夜已经过完了，佛和我们众比丘坐了有很长时间了，只盼世尊为我们说别解脱戒。"

当时，世尊默默坐着，一句也不答。于是，世尊又从中夜开始默默静坐，直到中夜快过完。那位比丘又从座位上起来，穿着袈裟，偏袒右肩，合掌叉手对佛说道："世尊，初夜已过，中夜也快过完了，佛和我们众比丘相集而坐也很久了，只盼世尊为我们说别解脱戒。"

世尊仍是默默坐着，一句也不答。于是，世尊一直到后夜都这么默默静坐。那位比丘第三次从座位上站起，穿着袈裟，偏袒右肩，合掌叉手对佛道："世尊，初夜已过，中夜又过完，后夜也将结束，就要天亮，太阳很快就要出来。佛和我们众比丘集坐于此已太久了，只盼世尊为我们说别解脱戒。"

那时，世尊告诉那位比丘："在此众比丘中，有一位已经不清净。"

那时，尊者大目犍连也在众比丘中。于是，目连这样想道：世尊为什么对比丘说众人中有一位已经不清净？我应该入其像定，以像定他心之智来观察众比丘之心。

尊者大目犍连于是就入像定，以像定他心之智观察众比丘之心。于是他就知道了世尊对众比丘所说的那位不净比丘了。于是，目连即停止入定，起身来到那位比丘面前，拉着他的手，开门，将其送出门外："你这愚痴的人！远远地走吧，不要再住在这里了，不要再与众比丘聚会。从今以后，你不是比丘了。"然后关上门，锁上锁，回到佛所坐处，以头顶礼佛足，然后退下，坐在一边对佛道："世尊对比丘说的，比丘众中有一位不净者，已被我赶出去了。世尊，初夜已过，中夜又过完，后夜也将结束，天就要亮了，太阳很快就要出来了。佛和众比丘聚集在此已坐得太久了，只盼世尊为众比丘说别解脱戒。"

世尊告诉他："大目犍连，那位愚痴的人会遭大罪，因为他恼乱了世尊及众比丘。假使让如来在不净污秽之众中说别解脱戒的话，那么这人就会头破裂成七份。所以，目连，你们从今以后说别解脱戒时，如来就不再说别解脱戒了。为什么？目连，是这样，有个愚痴的人也能知道怎么进出的规矩，而且他还能观察、分别行住坐卧等是否端正威仪，像模像样地穿起僧衣，捧起钵盂，僧人的行住坐卧，睡眠醒觉，言语沉默，他也都准确无误地知道，像个真正的梵行修习者。但是去了那些真正的修行者处，他实际是根本不懂。目连，如果众修行者知道的话，就会这么想：这是沙门的污辱，这是沙门的败类。既然知道了，就应该一起将他赶出去。为什么？不要让他污染影响了众多的修行者。

"目连，好比有位居士有块很好的稻田或是麦田，田里长了一种草，名叫秽麦。它的根和麦相似，茎、节、叶、花也都像麦。等到后来结出果实，居士见了，便如此想道：这是麦子的污辱，是麦中之稗。然后就将其连根拔出，扔出田外。为什么？不要让这些秽麦来搅坏了别的真正的好麦。目连，就是这样，有个愚痴的人能很清楚该怎么出，怎么进，还能仔细地观察、分别他人的行为是否端正威仪，也能像模像样地穿起僧伽梨等各种僧衣，捧起钵盂，甚至还能准确无误地懂得僧人的行住坐卧，睡眠醒觉，言语沉默，像个真正的梵行修习者。但到了那些真正的修行者处，他实际是根本不懂。目连，如果众修梵行者知道后，就会这么想道：这是沙门的污辱，这是沙门的败类。然后就应该将他赶出去。为什么？不要让他影响污染了众多的修行者。

"目连，好比秋收时扬谷，谷壳中如果实有饱满的子粒，就不会扬起。如果实是干瘪的谷子和秕糠等，就会随风而去。居士见后，就拿了扫帚，把它们打扫干净。为什么？不要让它们搅弄脏了别的干净的好稻。目连，就是这样，有个愚痴的人能很清楚地知道怎么进出的规矩，并能很好地观察、分别行住坐卧等是否端正威仪，也能像模像样地穿起僧伽梨及各种僧衣，捧起钵盂，甚至还能准确无误地懂得僧人的行住坐卧，睡眠醒觉，言语沉默，像个真正的梵行修习者。但到了那些真正的修行者处，他实际是根本不懂。目连，如果众修行者知道后，就会这么想：这是沙门的污辱，这是沙门的败类。然后就会一起将他赶出去。为什么？不要让他污染影响了别的修行者。

"目连，好比居士为接泉水所以做通水的水槽。为此，他拿了斧子进入森林，他敲打着那些树，如果坚实的，声音就小；如果当中空的，声音就大。居士弄清楚后，便砍伐整治，准备做通水的水槽。目连，就是这样，有一个愚痴的人能正确地知道怎么进出的规矩，也能很好地观察、分别行住坐卧等行为是否端正威仪，并能像模像样地穿起僧伽梨及各种僧衣，捧起钵盂，甚至能准确无误地懂得僧人的行住坐卧，睡眠醒觉，言语沉默，真像个梵行修习者。但到了那些真正的修行者处，他实际是根本不懂。目连，如果众修行者知道后，就会这么想：这是沙门的污辱，这是沙门的败类。然后就会一起将他赶出去。为什么呢？不要让他污染影响了其他修行者。"

于是世尊说了如此的一段偈颂：

> 诸僧会集共当知，恶欲能生嫉与恨。
> 口止不言心吝悭，嫉妒谄媚欺骗人。
> 在众诈言心中静，屏蔽之处称沙门。
> 暗中一直做坏事，任随恶见处处生。
> 妄言绮语诳惑人，如此之人当留心。
> 不能让他来集会，排除出外不共处。
> 诈言欺人尽诳语，心不静寂却说静。
> 知后摈弃远离他，众僧共修清净行。

清净之人在一起，和合与共常来往。

和合相处得安隐，如此共同脱苦海。

佛就是这么说的，众比丘听完佛所说的以后，高高兴兴遵守奉行。

5 优婆塞经

——精勤持五戒，得四增上心

我闻如是：

一时，佛游舍卫国，在胜林给孤独园。

尔时，给孤独居士①与大优婆塞众五百人俱，往诣尊者舍梨子②所，稽首作礼，却坐一面。五百优婆塞亦为作礼，却坐一面。给孤独居士及五百优婆塞坐一面已，尊者舍梨子为彼说法。劝发③渴仰，成就欢喜。无量方便，为彼说法。劝发渴仰，成就欢喜已，即从座起，往诣佛所，稽首佛足，却坐一面。尊者舍梨子去后不久，给孤独居士及五百优婆塞，亦诣佛所，稽首佛足，却坐一面。

尊者舍梨子及众坐已定，世尊告曰："舍梨子，若汝知白衣圣弟子善护行五法④及得四增上心⑤，现法乐居，易不难得。舍梨子，汝当记别⑥圣弟子，地狱尽，畜生、饿鬼及诸恶处亦尽，得须陀洹⑦，不堕恶法，定趣正觉，极受七有⑧，天上人间七往来已而得苦边。

"舍梨子，云何白衣圣弟子善护行五法？白衣圣弟子者，离杀、断杀，弃舍刀杖，有惭、有愧，有慈悲心，饶益一切乃至昆虫。彼于杀生，净除其心。白衣圣弟子善护行，此第一法。

"复次，舍梨子，白衣圣弟子离不与取、断不与取，与而后取，乐于与取。常好布施，欢喜无吝，不望其报。不以偷所覆，常自护己，彼于不与取⑨，净除其心。白衣圣弟子善护行，此第二法。

"复次，舍梨子，白衣圣弟子离邪淫，断邪淫。彼或有父所护，或母所护，或父母所护，或兄弟所护，或姊妹所护，或妇父母所护，或亲亲所护，或同姓所护，或为他妇女，有鞭罚恐怖，及有名雇债至华鬘亲⑩，不犯如是女。彼于邪淫，净除其心。白衣圣弟子善护行，此第三法。

"复次，舍梨子，白衣圣弟子离妄言，断妄言，真谛言乐真谛，住真谛不移动。一切可信，不欺世间。彼于妄言，净除其心。白衣圣弟子善护行，此第四法。

"复次，舍梨子，白衣圣弟子离酒断酒，彼于饮酒，净除其心。白衣圣弟子善护行，此第五法。

"舍梨子，白衣圣弟子云何得四增上心，现法乐居，易不难得？白衣圣弟子念如来：彼如来、无所着、等正觉、明行成为、善逝、世间解、无上士、道法御、天人师，号佛众祐。如是念如来已，若有恶欲，即便得灭。心中有不善、秽污、愁苦、忧戚，亦复得灭。白衣圣弟子攀缘⑪如来，心靖得喜，若有恶欲，即便得灭。心中有不善、秽污、愁苦、忧戚，亦复得灭。白衣圣弟子得第一增上心。现法乐居，易不难得。

　　"复次，舍梨子，白衣圣弟子念法：世尊善说法必至究竟，无烦无热，常有不移动。如是观、如是觉、如是知、如是念法已，若有恶欲，即便得灭。心中有不善、秽污、愁苦、忧戚，亦复得灭。白衣圣弟子攀缘法，心靖得喜，若有恶欲，即便得灭。心中有不善、秽污、愁苦、忧戚，亦复得灭。白衣圣弟子，得此第二增上心。

　　"复次，舍梨子，白衣圣弟子念众：如来圣众，善趣正趣，向法次法，顺行如法，彼众实有阿罗诃趣阿罗诃，有阿那含趣阿那含，有斯陀含趣斯陀含，有须陀洹趣须陀洹，是谓四双八辈⑫，谓如来众成就尸赖⑬，成就三昧，成就般若，成就解脱，成就解脱知见，可敬可重，可奉可供，世良福田。彼如是念如来众，若有恶欲，即便得灭。心中有不善、秽污、愁苦、忧戚，亦复得灭。白衣圣弟子攀缘如来众，心靖得喜。若有恶欲，即便得灭。心中有不善、秽污、愁苦、忧戚，亦复得灭。白衣圣弟子，是谓得第三增上心。现法乐居，易不难得。

"复次，舍梨子，白衣圣弟子自念尸赖：此尸赖不缺不穿，无秽无浊，住如地不虚妄，圣所称誉，具善受持。彼如是自念尸赖，若有恶欲，即便得灭。心中有不善、秽污、愁苦、忧戚，亦复得灭。白衣圣弟子攀缘尸赖，心靖得喜。若有恶欲，即便得灭。心中有不善、秽污、愁苦、忧戚，亦复得灭。白衣圣弟子，是谓得第四增上心。现法乐居，易不难得。

"舍梨子，若汝知白衣圣弟子善护行此五法，得此四增上心，现法乐居，易不难得者，舍梨子，汝记别白衣圣弟子，地狱尽，畜生、饿鬼及诸恶处亦尽，得须陀洹，不堕恶法，定趣正觉，极受七有，天上人间七往来已而得苦边。"于是，世尊说此颂曰：

慧者住在家，见地狱恐怖；
因受持圣法，除去一切恶。
不杀害众生，知而能舍离；
真谛不妄言，不盗他财物。
自有妇知足，不乐他人妻；
舍离断饮酒，心乱狂痴本。
常当念正觉，思惟诸善法；

念众观尸赖，从是得欢喜。

欲行其布施，当以望其福；

先施于息心⑭，如是成果报。

我今说息心，舍梨当善听；

若有黑及白，赤色之与黄。

尨色爱乐色，牛及诸鸽鸟；

随彼所生处，良御牛在前。

身力成具足，善速往来快；

取彼之所能，莫以色为非。

如是此人间，若有所生处；

刹帝利梵志，居士本工师。

随彼所生处，长老净持戒；

世无着善逝，施彼得大果。

愚痴无所知，无慧无所闻；

施彼得果少，无光无所照。

若光有所照，有慧佛弟子；

信向善逝者，根生善坚住。

彼是生善处，如意往人家；

最后得涅槃，如是各有缘。

佛说如是，尊者舍梨子及诸比丘、给孤独居士、五百优婆塞闻佛所说，欢喜奉行。

（选自《中阿含经》卷三十《大品·优婆塞经》第十二）

注释

①**给孤独居士**：即释迦牟尼佛的施主之一须达多，为古印度拘萨罗国波斯匿王大臣。因乐善好施，慈济贫穷孤寡之人，被称为给孤独长者。

②**舍梨子**：释迦牟尼佛十大弟子之一，名舍利弗多罗，也简作"舍利弗""舍梨子"等。为古印度摩揭陀国王舍城人，属婆罗门种姓。随佛出家后，侍佛右侧。他智慧敏捷，善讲佛法，故有"智慧第一"之称。

③**劝发**：劝人使其萌发佛道之心。

④**五法**：根据下文，五法即指"五戒"。

⑤**四增上心**："增上心"即增胜上进，势用强盛之心。根据后文，"四增上心"指念如来、念法、念圣众、念戒四种心。

⑥**记别**：即授记之意。

⑦**须陀洹**：梵语 Srota-apanna 的音译简称。全称作"须陀般那""窣路多阿半那"等。意译旧称有很多，如"入流""逆流""沟港"等。新译作"预流"。为小乘声闻四果中的初果之名。玄应《一切经音义》卷二十三："窣路多阿半那，此云预流。一切圣道说名流，能相续流向

涅槃故。初证圣果，创参胜列，故名预流。预及也，参预也。"

⑧**七有**：此概念极为复杂，可理解为七种善处。七有也可称"七生"，指人界之七生与欲界之七生和合。故下文云"天上人间七往来"。

⑨**不与取**：即偷盗。别人不与（给）而自取之也。

⑩**华鬘亲**：印度风俗，其男女多以花编成花环作为装饰品戴在头上或挂在身上。华鬘亲盖指豪华气派的婚礼。

⑪**攀缘**：佛家认为心不会独自起念，一定要有相应的情景、事物所攀缘才会有所"行动"。这里"攀缘如来"即指心想如来。

⑫**四双八辈**：指小乘四向果的圣者。向果为一双，四种一双即八辈。"四向"即须陀洹向、斯陀含向、阿那含向、阿罗汉向，为小乘声闻四种因位。"四果"即须陀洹果、斯陀含果、阿那含果、阿罗汉果，为小乘声闻的四种果位。前文中"阿罗诃"即"阿罗汉"的异写形式。

⑬**尸赖**：即"尸罗"，梵语 Śīla 的音译。意译作"清凉"，也译作"戒"。身、口、意三业罪恶，能使人焚烧、热恼，而戒能消灭其热恼，故名清凉。《大乘义章》卷一："言尸罗者，此名清凉，亦名为戒。三业之非，焚烧行人，事等如热。戒能防息，故名清凉。清凉之名正翻彼也。以

能防禁，故名为戒。"Śīla 的旧译作"性善"。

⑭**息心**："沙门"的意译，也作"勤劳""功劳""静志""修道"等多种，即佛教僧侣。

译文

我曾听佛这样说过：

有一次，佛游化于舍卫国，在胜林给孤独园。

当时，居士给孤独长者与众男居士一共五百人，一起来到尊者舍梨子的住所。给孤独长者先上前叩首礼拜，然后退下坐在一边。五百居士也接着向舍梨子行礼，然后退坐到一边。给孤独长者和众居士坐好后，尊者舍梨子就为他们说法。劝化那些渴仰佛法之人，使其萌发佛道之心，成就佛道，欣喜无比。尊者舍梨子用了各种各样的办法，为他们说法。劝化那些渴仰佛法的人，使其萌发佛道之心，成就佛道，欣喜无比。说法结束后，舍梨子就从自己座位上起来，来到佛所，他五体投地，顶礼佛足，然后退坐在一面。尊者舍梨子去后不久，给孤独长者及五百居士也前往佛所，他们也顶礼佛足，然后退坐在一面。

待尊者舍梨子及众居士坐定以后，世尊对他们说道："舍梨子，如果你知道白衣圣弟子能很好地护持施行五法并得有四增上心，现有诸法，安居乐处，就极为容易并不难得。舍梨子，你当记别圣弟子，知道地狱尽空，畜生、饿鬼以及种种恶处也全都尽空，得须陀洹果，从而不堕恶处，必定达以正觉，多受生于七有善处，从天上到人间七次往来而后度脱苦海。

"舍梨子，什么叫作白衣圣弟子善护行持五法？所谓白衣圣弟子，就是要离开杀戮、断绝杀生，丢弃刀杖等武器，有惭愧之心，有慈悲之心，为一切众生乃至昆虫谋求丰足的利益。白衣圣弟子于其心中已彻底清除了杀生之念。白衣圣弟子能善护其行，这是第一法。

"其次，舍梨子，白衣圣弟子远离偷盗之行，断绝偷盗之念，别人施给而后才拿，并一直乐于如此。经常喜欢布施他人，但并不期望于别人的回报。不用偷盗所获得的东西来护持自己。在他的心中，已彻底断除了偷盗之念。白衣圣弟子能善护其行，这是第二法。

"其次，舍梨子，白衣圣弟子远离邪淫之行，断绝邪淫之念。他或者为父亲所护，或者为母亲所护，或者为双亲所护，或者为兄弟所护，或者为姐妹所护，或者为岳父岳母所护，或者为亲戚所护，或者为同姓家族所护。所以，有夫之女（侵犯之则会受）杖罚之恐怖，乃至（已有婚约）装饰华鬘之女，他都不冒犯一下。在他的心中已彻底清除了邪淫之念。白衣圣弟子能善护其行，这是第三法。

"其次，舍梨子，白衣圣弟子远离妄言之行，断绝妄言之念。他喜欢真理，所言均为真实之语，并永远这样，绝不改变。他所说的一切都真实可信，不会欺骗世人。在他的心中，已经彻底清除了妄言之念。白衣圣弟子能善护其行，这是第四法。

"其次，舍梨子，白衣圣弟子不喝酒，并彻底戒酒。在他的心中，已经彻底清除了饮酒的念头。白衣圣弟子能善护其行，这是第五法。

"舍梨子，什么叫作白衣圣弟子能得有四增上心，现有诸法安居乐处，极为容易，并不难得？白衣圣弟子一心思念如来：如来不执着于世俗之尘染，正确遍知一切事物，具有能知过去的"宿命明"、知未来的"天眼明"及能断尽烦恼、得彻底解脱的"漏尽明"，如来能入涅槃，能了解世间所有一切，并能从世间获得解脱，如来是世间至高无上的最尊贵者，如来善于说教，能引导世间的修行者走向涅槃，如来是诸天和人类的导师，如来号称佛世尊。像这样思念如来而后，如果心中有恶欲，立刻就会消除不生。心中如有不善、丑恶、肮脏的想法以及忧愁、痛苦、烦恼，也会立刻消除不起。白衣圣弟子攀缘如来，心中宁静，无限快乐。如果有恶欲，立刻就消除不生。心中如有不善、丑恶、肮脏的想法以及忧愁、痛苦、烦恼等，也就立刻消除不起。白衣圣弟子如此得到第一增上心。现有诸法，安居乐处，极为容易，并不难得。

"其次，舍梨子，白衣圣弟子念法：念如来所说的三藏十二部经，世尊善说诸法，有无量功德，一定能达到最高境界，众生闻法，身心都不再痛苦烦恼，常住不动。如此观察，如此觉悟，如此了知，如此念法后，心中如有恶欲，立刻就会消除不生。心中如有不善、丑恶、肮脏的想法以及忧愁、痛苦、烦恼，也就会立刻消除不起。白衣圣弟子攀缘法，心中宁静，无限快乐。如果有恶欲，立刻就消除不生。心中如有不善、丑恶、肮脏的想法以及忧愁、痛苦、烦恼，也就立刻消除不起。白衣圣弟子如此得第二增上心。

"其次，舍梨子，白衣圣弟子念众：如来圣众弟子，善趋正道，心向佛法，一切次第顺行皆如佛法。如来圣众弟子实有阿罗汉者即趋向阿罗汉果，有阿那含者即趋向阿那含果，有斯陀含者即趋向斯陀含果，有须陀洹者即趋向须陀洹果，这就叫四双八辈，就叫如来圣众弟子性善清凉，心静禅定，证得智慧，获得解脱，获得解脱知见，实在可尊可敬、可奉可供，为世间良福田。他这样念如来僧众弟子，心中如有恶欲，立刻就会消除不生。心中如有不善、丑恶、肮脏的想法，以及忧愁、痛苦、烦恼，也就会立刻消除不起。白衣圣弟子心念如来僧众弟子，心中宁静，无限快乐。如果有恶欲，立刻就消除不生。如果心中有不善、丑恶、肮脏的想法，以及忧愁、痛苦、烦恼等，也立刻就消除不起。白衣圣弟子如此得第三增上心。现有诸法，安居乐处，极其容易，并不难得。

"其次，舍梨子，白衣圣弟子念戒：佛戒完善圆满，清凉静寂，真实牢固如大地停止不动，圣众弟子赞美称颂，共同受持。他如此自己念戒，如果有恶欲，立刻就会消除不生。心中如果有不善、丑恶、肮脏的想法，以及忧愁、痛苦、烦恼，也就会立刻消除不起。白衣圣弟子心念佛戒，心中宁静，无限欣喜。如果有恶欲，立刻就消除不生。如果心中有不善、丑恶、肮脏的念头，以及忧愁、痛苦、烦恼等，也就立刻消除不起。白衣圣弟子如此证得第四增上心。现有诸法，安居乐处，极其容易，并不难得。

"舍梨子，你如果能知道白衣圣弟子善护修行此五法，得四增上心，现有诸法，安居乐处，极其容易，并不难得的话，舍梨子，你记别白衣圣弟子，地狱已尽，畜生、饿鬼以及所有恶处均亦已尽，得证须陀洹果，不再堕入恶处，必定趋向正觉，多受生于七有善处，从天上到人间七次往来而后得脱苦海。"于是世尊宣说如下偈颂道：

有慧根者住在家，看见地狱大恐怖；
从而受持神圣法，除去心中一切恶。
不杀不害众生灵，知杀不可须断离；
真理如实不妄言，不盗他人之财物。
自有妇人心知足，不贪他人妻女色；
戒酒不饮永断绝，心乱不宁本痴狂。
应常念佛思如来，思惟佛所说善法；
念众圣僧观佛戒，从此心得大欢喜。
心中一心想布施，定当以此得大福；
首先施舍众沙门，如是能获大果报。
我今讲说沙门行，舍梨子你好好听；
如有黑色和白色，又有红色和黄色。
如有杂色欢喜色，壮牛以及众鸽鸟；
随其自由择生处，善驾车者牛在前。
牛大力大成具足，又快又好来回奔；
取其所能任其用，不凭颜色断好坏。
人间世界也如此，人们若有所生处；
刹帝种族及梵志，清净居士及工师。
随其所生处处行，长老持戒心清净；
世尊如来入涅槃，施舍他们得大报。
愚昧痴呆无所知，无智无慧无所闻；
施舍于彼得小报，无光无明无所照。

如果光明有所照，即有慧根佛弟子；

信心向着涅槃者，根生善法坚固住。

他是往生极乐处，任随心意往人家；

最终证得涅槃乐，如此各自有缘分。

佛如此宣说，尊者舍梨子及众位比丘、给孤独长者及五百位居士听完佛所说的，高高兴兴遵守奉行。

6 优陀罗经

——知痈和痈本，静思勤精进

原典

我闻如是：

一时，佛游舍卫国，在胜林给孤独园。

尔时，世尊告诸比丘："优陀罗罗摩子^①，彼在众中数如是说：'于此生中，观此觉此，不知痈本^②，然后具知痈本。'优陀罗罗摩子，无一切知^③，自称一切知。实无所觉，自称有觉。优陀罗罗摩子，如是见，如是说：'有者，是病，是痈，是刺，设无想者是愚痴也。若有所觉，是止息，是最妙，谓乃至非有想非无想处^④。'彼自乐身，自受于身，自着身已，修习乃至非有想非无想处，身坏命终生非有想非无想天中。彼寿尽已，复来此间，生于狸中。此比丘正说者。于此生中，观此觉此，不知痈本，然后具知痛本。

"云何比丘正观⑤耶？比丘者，知六更触⑥，知习⑦、知灭⑧、知味⑨、知患、知出要⑩，以慧知如真⑪，是谓比丘正观也。云何比丘觉？比丘者知三觉⑫，知习、知灭、知味、知患、知出要，以慧知如真，是谓比丘觉。云何比丘不知痛本，然后具知痛本？比丘者知有爱⑬灭，拔其根本，至竟不复生，是谓比丘不知痛本，然后具知痛本。痛者谓此身也。色粗四大⑭从父母生，饮食长养，衣被按摩，澡浴强忍，是无常⑮法、坏⑯法、散⑰法，是谓痛也。痛本者谓三爱⑱也：欲爱、色爱、无色爱，是谓痛本。痛一切漏⑲者，谓六更触处也。眼漏视色，耳漏闻声，鼻漏嗅香，舌漏尝味，身漏觉触，意漏知诸法⑳，是谓痛一切漏。

"比丘，我已为汝说痛说痛本。如尊师所为弟子，起大慈哀，怜念愍伤，求义及饶益，求安隐快乐者，我今已作。汝等亦当复自作。至无事处、山林树下、空安静处，燕坐思惟，勿得放逸，勤加精进，莫令后悔。此是我之教敕，是我训诲。"

佛说如是，彼诸比丘闻佛所说，欢喜奉行。

（选自《中阿含经》卷二十八《林品·优陀罗经》第八）

注释

①**优陀罗罗摩子**：梵文 Udraka Rāmaputra 的音译，也作"郁头蓝弗"等，人名。释迦牟尼初出家时问道的仙人。唐·慧琳《一切经音义》卷二十六："郁头蓝弗，此云獭戏子。坐得非想定，获五神通，飞入王宫，遂失通定，途步归山。"

②**痈本**：本文中有解释，见译文。

③**一切知**：即"佛智"。"知"也作"智"。佛知一切法，故名一切智。

④**非有想非无想处**：无色界的第四处，即三界之顶。生于此处者，没有下地粗想之烦恼，所以称"非有想"或"非想"。但又并非没有细想之烦恼，所以称"非无想"或"非非想"。外道认为此处已是真正涅槃境界，而佛教认为此处仍在生死境界之中。

⑤**正观**：也称"正见"，"八正道"之一。离开各种妄见的正确见解。

⑥**六更触**：据本文中以后内容，疑为"六根触"也。六根即眼、耳、鼻、舌、身、意。也称"六情""内六处"，具有能取相应之六境，生长相应之六识的六种功能。"六根触"指六根与六境相互接触、涉入。

⑦**习**：也称"习气"，烦恼余气。

⑧**灭**："涅槃"的音译。

⑨**味**："六尘"之一，味尘。

⑩**出要**：出离生死之要道。

⑪**如真**：即"真如"，也作"如""如如"等。指事物的真实状况、真实性质。

⑫**三觉**：一自觉、二觉他、三觉行圆满。

⑬**爱**："十二因缘"之一，贪爱、爱欲。

⑭**色粗四大**：色指物质，具体即为地、水、火、风"四大"。四大和合，组成人身。故"四大"即指肉体，指人身。

⑮**无常**：不恒常，变化无定。佛家认为世界一切事物都是因缘和合而生的，都受条件原因的制约，因而都处在生起、变异、坏灭的过程中，迁流不停，没有常住性。

⑯**坏**：破坏。人身中四大互相侵扰，互相破坏。

⑰**散**：散乱，相对定而言。

⑱**三爱**：据下文，盖指欲界、色界、无色界"三界"之爱。

⑲**漏**：梵文 Āsrava 的意译，"烦恼"的异名。

⑳**眼漏视色……意漏知诸法**：色、声、香、味、触、法"六境"，也称"六尘"或"六贼"，谓其能以"六根"为媒介扰乱人心，使人失去智慧、定力等"善法"。所以六根与六境相触处，就是"痛"，是一切烦恼。

译文

我曾听佛这样说过：

有一次，佛游化于舍卫国，在胜林给孤独园。

当时，世尊告诉诸位比丘："优陀罗罗摩子在众人中多次这样说：'于此生中，我确实是明智者，我确实是一切胜者，我确实掘出未掘出之痈根。'优陀罗罗摩子，不具备佛一切智，却自称有一切智。实际上没有觉悟，却自称已有觉悟。优陀罗罗摩子，就是如此见解，就是这样说的：'有，乃病，为痈，是刺。假设无想就是愚痴了。如果有所觉悟的话，就是禅定止息，那是最好的，也就是说到达了非有想非无想处。'他自乐于身，自领纳于身，自执着于身，如此修习是为到非有想非无想处，死后能生非有想非无想天中。他命终后，又来到世上，在狸中投生。这就是此比丘说的。于此生中，已是一切智、一切胜者，已掘出未掘出之痈根。

"什么是比丘的正观呢？比丘明了六根六境相触，知道习气、涅槃、味尘、祸患，明了脱离生死的要道，以智慧觉了真如。这就是比丘的正观。什么是比丘之觉呢？比丘明了三觉，知道烦恼余习、涅槃、味尘、祸患，明了脱离生死的要道，以智慧觉了真如。这就是比丘之觉。什么叫比丘不知痈本，然后完全明了痈本？比丘知道有爱欲，有涅槃，灭除其根本，最后就不再产生。这就叫比丘不知痛本，然后才完全明了痛本。痛就是指人的身体。人的身体为父母所生。吃饭穿衣，按摩洗澡，强忍痛苦，这是无常法、坏法、散法，这就是痛。痛本是指三爱：欲爱、色爱、无色爱，这就是痛本。痛为一切烦恼，指的是六根与六境相触之处。眼视色，耳闻声，鼻嗅香，舌尝味，身有所触，意知世间诸法，这就是所谓痛是一切烦恼。

"众比丘，我已经为你们宣说了关于痛和痛本的道理。如果说要尊师教育弟子，起大慈之心，同情怜愍，祈求真理及利益，祈求安隐快乐的话，那我已经这么做了。你们也应该再自己去做。至无世事喧哗的山林，寻块幽静之处，在树下静坐思惟。不放纵于安逸享乐，勤奋、努力、精进，不要让自己今后后悔。这就是我的教导和训诲。"

佛就是这么说的，众比丘听了佛的教诲，高高兴兴地遵守奉行。

7 至边经

——心被尘垢缠，难修沙门行

原典

我闻如是：

一时，佛游舍卫国，在胜林给孤独园。

尔时，世尊告诸比丘："于生活中下极至边，谓行乞食。世间大讳，谓为秃头手擎钵行。彼族姓子①为义故受。所以者何？以厌患生老病死，愁戚啼哭，忧苦懊恼，或得此淳具足大苦阴边。汝等非如是心出家学道耶？"

时，诸比丘白曰："如是。"

世尊复告诸比丘曰："彼愚痴人以如是心出家学道，而行伺欲染着②，至重浊缠心中，憎嫉无信，懈怠失正念，无正定，恶慧心狂，调乱诸根，持戒极宽，不修沙门，不增广行。犹人以墨浣③墨所污，以血除血，以垢除垢，以浊除浊，以厕除厕，但增其秽。从冥入冥，从暗入暗。我说彼愚痴人持沙门戒亦复如是。谓彼人伺欲染着，至重浊缠心中，憎嫉无信，懈怠失正念，无正定，恶慧心狂，调乱诸根，持戒极宽，不修沙门，不增广行。犹无事处烧人残木，彼火烬者，非无事所用，亦非村邑所用。我说彼愚痴人持沙门戒亦复如是。谓彼人行伺欲染着，至重浊缠心中，憎嫉无信，懈怠失正念，无正定，恶慧心狂，调乱诸根，持戒极宽，不修沙门，不增广行。"于是，世尊说此颂曰：

> 愚痴失欲乐，复失沙门义。
> 俱忘失二边④，犹烧残火烬。
> 犹如无事处，烧人残火烬。
> 无事村不用，人着欲亦燃。
> 犹烧残火烬，俱忘失二边。

佛说如是，彼诸比丘闻佛所说，欢喜奉行。

（选自《中阿含经》卷三十四《大品·至边经》第二十四）

注释

①**族姓子**：也作"族姓男"，即所谓"善男子"，为对信佛、闻法、行善业者之美称。印度有四姓阶级，生

于四姓中之婆罗门大族之子弟，乃于诸姓中为最胜，故称族姓子。此外，族姓子一般指在家信男，然亦有用于对比丘之称呼。

②**染着**：即"染爱""贪爱"。

③**浣**：洗。

④**二边**：佛经中有"二边"一词，表示断常二边见，或"有边"与"无边"，有其特殊之意。此处"二边"只为一般意义，即"旁边"之意。

译文

我曾听佛这样说过：

有一次，佛游化于舍卫国，住在胜林给孤独园。

当时，世尊告诉众位比丘："行住坐卧，日常生活，最低贱的行当就是沿路乞讨。世间通俗之辈非常忌讳，把此称作秃头手擎钵行。而那些族姓子为求真理之故却乐意持受。这是为什么？因为他们厌恶再逢生老病死、忧愁啼哭、痛苦烦恼，而此或许能够使他们得渡无边的苦海。你们不正是有这样的心思才出家修道的吗？"

当时，诸位比丘对世尊道："是这样的。"

世尊又告诉诸位比丘："然那愚昧无知之人却以如此之心出家学道，时时伺机想有所贪图，心中被极重的尘垢纠缠着，憎恨嫉妒，不守信用，懒惰懈怠，失去正念，心无正定，满是狡计，狂妄难制，诸根浮躁难静，放松戒行，不严律己，不修沙门之行，也不愿更多学一点道行。就像人们用墨来清洗被墨弄脏的地方，用血来除去血迹，以污秽来清除污垢，以浑浊之水冲刷浑浊之水，以厕所之粪便再去清除厕所，这样，只会使脏的地方更脏，臭的地方更臭，黑处更黑，暗处更暗。我刚才说那些愚昧无知的人修持沙门之行也是这样。也就是说那些人时时伺机有所贪图，心中被极重的尘垢纠缠着，憎恨嫉妒，不守信用，懒惰懈怠，失去正念，不修正定，心中满是诡计，狂妄不定，诸根浮躁难静，不严律己，放松戒行，不修沙门之行，也不更多学一点道行。犹如在没有用的地方焚烧别人剩下的木头，那灰烬，既不是为了什么事有所用，也不是为村庄城镇而用。刚才我所说的那些愚昧无知之人修持沙门行也是这样。也就是说那些人时时伺机有所贪图，心中被极重的尘垢纠缠着，憎恨嫉妒，不守信用，懒惰懈怠，失去正念，不修正定，心中满是诡计，狂妄不定，诸根浮躁难静，不严律己，放松戒行，不修沙门之行，也不更多学一点道行。"于是，世尊宣说如下偈颂道：

愚昧无知失欲乐，又失沙门正义行。

全部忘却丢二边，犹如烧人剩火烬。

犹如在无用之地，烧人剩木余火烬。

人无所需村不用，人贪欲爱亦如此。

犹如烧人剩火烬，全部忘却丢二边。

佛就是这样说的，诸位比丘听了佛所说的，高高兴兴地遵守奉行。

8 八城经

——阿难启八城,十二甘露门

我闻如是:

一时,佛般涅槃后不久,众多上尊、名德比丘,游波罗利子城^①,住在鸡园^②。

是时,第十居士八城,持多妙货,往至波罗利子城,治生贩卖。于是,第十居士八城,彼多妙货,货卖速售,大得财利,欢喜踊跃。出波罗利子城,往诣鸡园,众多上尊、名德比丘所,稽首礼足,却坐一面。时,诸上尊、名德比丘,为彼说法,劝发渴仰,成就欢喜,无量方便,为彼说法,劝发渴仰,成就欢喜已,默然而住。

时,诸上尊比丘为彼说法,劝发渴仰,成就欢喜已。于是,第十居士八城白曰:"上尊,尊者阿难今在何处?

我欲往见。"

诸上尊比丘答曰:"居士,尊者阿难,今在鞞舍离③猕猴江边高楼台观。若欲见者,可往至彼。"

尔时,第十居士八城即从坐起,稽首诸上尊比丘足,绕三匝④而去。往诣尊者阿难所。稽首礼足,却坐一面,白曰:"尊者阿难,欲有所问,听我问耶?"

尊者阿难告曰:"居士,欲问便问。我闻已当思。"

居士问曰:"尊者阿难,世尊、如来、无所着、正尽觉,成就慧眼,见第一义⑤,颇说一法。若圣弟子住漏尽无余⑥,得心解脱耶?"

尊者阿难答曰:"如是。"

居士问曰:"尊者阿难,世尊、如来、无所着、正尽觉,成就慧眼,见第一义。云何说有一法? 若圣弟子住漏尽无余,得心解脱耶?"

尊者阿难答曰:"居士,多闻⑦圣弟子离欲、离恶不善之法,至得第四禅⑧成就游。彼依此处,观法如法。彼依此处,观法如法,住彼得漏尽者,或有是处。若住彼不得漏尽者,或因此法,欲法、爱法、乐法、靖法、爱乐欢喜,断五下分结⑨尽,化生于彼而般涅槃。得不退法⑩,终不还此。

"复次,居士,多闻圣弟子心与慈⑪俱,遍满一方成就游。如是二三四方,四维上下,普周一切,心与慈俱。

无结无怨，无恚无诤，极广甚大，无量善修，遍满一切世间成就游。如是悲喜心与舍俱，无结无怨，无恚无诤，极广甚大，无量善修，遍满一切世间成就游。彼依此处，观法如法。彼依此处，观法如法，住彼得漏尽者，或有是处。若住彼不得漏尽者，或因此法，欲法、爱法、乐法、靖法、爱乐欢喜，断五下分结尽，化生于彼而般涅槃。得不退法，终不还此。是谓如来、无所着、正尽觉，成就慧眼，见第一义，说有一法。若圣弟子住漏尽无余，得心解脱。

"复次，居士，多闻圣弟子度一切色想[12]，乃至非有想非无想处[13]成就游。彼于此处观法如法。彼于此处观法如法，住彼得漏尽者，或有是处。若住彼不得漏尽者，或因此法，欲法、爱法、乐法、靖法、爱乐欢喜，断五下分结尽，化生于彼而般涅槃，得不退法，终不还此。是谓如来、无所着、正尽觉，成就慧眼，见第一义，说有一法。若圣弟子住漏尽无余，得心解脱。"

于是第十居士八城，即从坐起，偏袒着衣，叉手白曰："尊者阿难，甚奇，甚特！我问尊者阿难一甘露门[14]，而尊者阿难一时为我说于十二甘露法门。今此十二甘露法门，必随所依得安隐出。尊者阿难，犹去村不远，有大屋舍，开十二户，若人所为故，入彼屋中。复一人来，不为彼人求义及饶益，不求安隐而烧彼屋，尊者阿难，彼人必得于此十二户随所依出，得自安隐。如是我问尊者阿难一甘露门，而尊者阿难，一时为我说于十二甘露法门。今此十二甘露法门，必随所依，得安隐出。尊者阿难，梵志法、律中说不善法、律，尚供养师，况复我不供养大师尊者阿难耶？"

于是第十居士八城即于夜中，施设极妙净美丰饶食噉含消。施设食已，平旦敷座，请鸡园众及鞞舍离众，皆集一处，自行澡水，则以极妙净美丰饶食噉含消，手自斟酌，令得饱满。食讫，收器，行澡水竟，持五百种物买屋别施尊者阿难。尊者阿难受已，施与招提僧[15]。

尊者阿难所说如是，第十居士八城闻尊者阿难所说，欢喜奉行。

（选自《中阿含经》卷六十《例品·八城经》第六）

注释

①**波罗利子城**：应作"波吒厘子"，城名。阿育王所建，为摩揭陀国的首都。"波吒厘"，梵语作 Pāṭaliputra，也译作"波吒利弗""波吒罗""波罗利弗多罗"等。此本为树名，后以名城。据说此城是由波吒厘树之神子而筑造的。

②**鸡园**：地名。梵文 Kukkuṭārāma（屈屈吒阿滥摩）的意译。在摩揭陀国波吒厘子之城旁边，为阿育王所建。

也称"鸡头摩寺""鸡雀寺"等。

③**鞞舍离**：梵文 Vaisāli 的音译，多作"毗舍离"，也作"吠舍厘"等。国名，在中印度。

④**绕三匝**：围着佛右绕（即顺时针方向）三圈。佛教礼节，表示对佛的尊敬。本为古印度礼节之一，后被佛教采用。《无量寿经》上："稽首佛足，右绕三匝。"

⑤**第一义**：即"真谛"，真实的道理。这道理在诸法中是处于第一位的，故称第一义。

⑥**漏尽无余**："漏"为烦恼的别名。修行者若能修得三乘最高果位，烦恼断尽全无，叫"漏尽无余"。《大智度论》卷三："三界中三种漏已尽无余，故言漏尽也。"

⑦**多闻**：多闻佛法并受持佛法。

⑧**第四禅**：佛教有"四禅定"，是诸定中最基础的一种。"四禅"以"离欲"为前提，以"善一境性"为共性，按照思维活动的宁静程度和身心的感受程度，划分为高下四等。从初禅到四禅，是思维由粗到细，由借助语言、寻伺达到完全凭借信仰支持即可本能活动的过程；感受也由有喜有乐升华到没有苦乐等区分的高度，最后，连自我的呼吸都感受不到了，即为第四禅。

⑨**五下分结**：系缚有情欲界的五种烦恼：贪结，贪欲之烦恼；嗔结，嗔恚之烦恼；身见结，我见之烦恼；戒取结，取执非理无道邪戒之烦恼；疑结，狐疑谛理之

烦恼。此五种烦恼起于欲界，且不能超出欲界，故谓之下分结。

⑩**不退法**：不退转之法。所修之功德善根愈增愈进、不再退失转变，称"不退转"，略称"不退"。佛所说的法能使修行者达此目的，故称"不退法"。

⑪**慈**：即"慈心"，"四无量"之一，与下"悲喜心""舍"相应。

⑫**色想**：盖即"色、受、想、行、识"的略称。众生由五蕴和合而成，故此"色想"即代指众生。

⑬**非有想非无想处**：即"非想非非想处"。非想非非想乃就非想非非想处天之禅定而称之。此天之定心，至极静妙，已无粗想，故称非想；尚有细想，故称非非想。乃无色界之第四天。此天位于三界九地之顶上，故又称有顶天。

⑭**甘露门**：如来教法的譬喻。喻指如来教法是到达涅槃解脱的门户。"十二甘露法门"即十二门禅，指四禅、四无量、四空定，阿难在前说法都曾言及。

⑮**招提僧**：意译四方、四方僧，即指自四方来集之各方众僧。

译文

我曾听佛这样说过：

佛涅槃后不久，有一次，很多尊者、大德高僧，游化于波罗利子城，住在鸡园。

这时，有位第十居士住在八城，带了很多紧俏货物，前往波罗利子城，去做生意。八城的第十居士的货很好，所以卖得很快，赚了很多钱，他非常高兴。八城的第十居士卖完货，就出了波罗利子城，前往鸡园，到有很多尊者、大德高僧居住的地方，五体投地，顶礼尊者之足，然后退坐到一边。当时，众位尊者、高僧大德，为他说法，劝发诱导，使其成就如愿，无量欢喜。他们用了各种各样的方法，为他说法，劝发诱导，使其成就如愿，非常高兴。然后，诸位尊者默默停住。

那时，众位尊者、高僧大德，为他说法，劝发诱导，使其成就如愿，无量欢喜。这时，第十居士道："众位尊者，尊者阿难现在在哪里？我现在想去见他。"

众位大德高僧上尊答道："居士，阿难尊者现在在鞞舍离猕猴江边的高楼楼台上。你如果想见的话，可以到那儿去。"

当时，八城的第十居士就从座位上起来，五体投地，顶礼尊者之足，右绕三圈然后离开，前往尊者阿难所在的地方。到了以后，他向阿难尊者施礼，五体投地，顶礼阿难之足，然后退坐到一边，问道："阿难尊者，我有一些问题，能允许我问吗？"

阿难尊者答道:"居士,你想问就问。我听后会好好思惟。"

于是八城的第十居士问:"阿难尊者,世尊如来不执着尘染而成正觉,正确遍知一切事物,成就慧眼,能见到最高最妙的真理,一直讲说一法。如果多闻圣众弟子能安住于漏尽无余之果位,其心能得以解脱吗?"

阿难尊者答道:"是这样。"

八城的第十居士又问道:"阿难尊者,世尊如来不执着尘染而成正觉,正确遍知一切事物,成就慧眼,能见到最高最妙的真理。怎么说有一法呢?如果圣众弟子能安住于漏尽无余之果位,其心能得以解脱吗?"

阿难尊者答道:"居士,多闻圣弟子远离欲念,远离一切不善的法,能成就到达第四禅。他依据此处,观察一切事物完全就是事物的本来面目。他凭依此处,观察一切事物如本,如果他能安住于漏尽,就能到达此境界。如果他是在尚未得以漏尽的境况下,或许就会因有此而渴仰善法,爱乐修习善法,欢喜无量。他就能断除五下分结种种烦恼,化生于彼处而得以涅槃。他能获不退转之法,一直向上,最后再也不回此处。

"另外,居士,多闻圣弟子的心中满是慈心,成就遍满一方、二方、三方、四方,四周上下,普天下一切,心中都充满慈心,没有怨结,没有怨恨,没有愤怒,没有诤执，极广极大，无量无边，行善修善，成就遍满一切世间。就像这样，悲心、喜心与舍心一起，没有怨结，没有仇怨，没有恚恨，没有诤执，极广极大，无量无边，行善修善，成就遍满一切世间。他依据此处，观察一切事物完全就是事物的本来面目。他凭依此处，观察一切事物如本，如果他能安住于漏尽，或许就能到达此境界。如果他是在尚未断尽烦恼的境况下，或许就会因有此法而希望善法，爱乐善法，欢喜无量。他就能断除五下分结种种烦恼，化生于彼而得涅槃。他能获不退转之法，不断向前最后再也不回此间。这就叫作如来不执着尘染而成正觉，正确遍知一切事物，成就慧眼，能见最高第一义，从而说有一法。就像圣弟子安住于漏尽无余，其心得以解脱。

"其次，居士，多闻弟子度一切有情，以至到达非有想非无想处，自在游历。他在此处观察一切事物完全就是事物的本来面目。他凭依此处，观察一切事物如本，如果他能安住于漏尽，就能到达此境界。如果是尚未断尽烦恼者，或许就会因有此法而希望渴仰善法，爱乐修习善法，欢喜无量。他就能断除五下分结种种烦恼，化生于彼而得涅槃，就能得不退转之法，精进向前，最后再也不还此间。这就叫作如来不执着尘染而成正觉，正确遍知一切事物，成就慧眼，能见最高第一义，从而说有一法。就像圣弟子安住于漏尽无余，其心得以解脱。"

于是，八城的第十居士就从座位上起来，偏袒着衣，合掌对阿难道："阿难尊者，太殊胜了，太奇妙了！我问阿难尊者一道甘露法门，但阿难尊者却一下子为我说了十二道甘露法门。现在，这十二道甘露法门，必然要按照其各自不同的门径，才能安全可靠地得以出去。阿难尊者，就像离开村子不远有一座大房子，开了十二道门，如果一个人有目的而来，所以就进了屋子。而再来一个人却什么也不为，既不为前面那个人考虑，也不想想自己安全与否，放一把火就烧此屋子，阿难尊者，那个人一定要按照十二道门的线路，才能安全可靠地出来，不被火烧伤。我就是像这样向阿难尊者询问一道甘露法门，而阿难尊者却一下子为我说了十二道甘露法门。现在，这十二道甘露法门，必然要按照其各自不同的门径，才能安全可靠地得以出去。阿难尊者，梵志的法、律中说不好的法、律，尚且也要供养师长，我又怎能欢喜不供养大师阿难尊者呢？"

于是，八城的第十居士就在夜里，摆起了极为丰盛可口的美味佳肴。摆好以后，在第二天清晨敷好座位，邀请鸡园的众位尊者及鞞舍离的众位高僧大德，一起聚集来此，各自洗濯，然后自己动手，饱餐一顿美味佳肴。众人吃完后，收拾了洗濯之水及用具，八城的第十居士又拿了五百种财物去购买房屋另外施给阿难尊者。阿难尊者收下后又施给招提僧。

阿难尊者就是这么说的，八城的第十居士听了阿难尊者所说的，高高兴兴地遵守奉行。

9　阿夷那经

——世尊略说法，阿难广分别

原典

我闻如是：

一时，佛游舍卫国，在于东园鹿子母堂①。

尔时，世尊则于晡时，从燕坐起，堂上来下。在堂影中露地经行②，为诸比丘广说甚深微妙之法。彼时，异学阿夷那③——沙门蛮头弟子，遥见世尊从燕坐起，堂上来下，在堂影中露地经行，为诸比丘广说甚深微妙之法。异学阿夷那——沙门蛮头弟子，往诣佛所，共相问讯，随佛经行。世尊回顾问曰："阿夷那，沙门蛮头实思五百思？若有异沙门、梵志一切知、一切见者，自称我有无余、知无余，见彼有过、自称有过？"

异学阿夷那——沙门蛮头弟子答曰："瞿昙④，沙门蛮头实思五百思。若有异沙门、梵志一切知、一切见者，自称我有无余、知无余，见彼有过、自称有过。"

世尊复问曰："阿夷那，云何沙门蛮头思五百思？若有异沙门、梵志一切知、一切见者，自称我有无余、知无余，见彼有过，自称有过耶？"

异学阿夷那——沙门蛮头弟子答曰："瞿昙，沙门蛮头作如是说：若行若住，若坐若卧，若眠若寤，或昼或夜，常无碍知见。或时逢奔象逸马，奔车叛兵，走男走女。或行如是道，逢恶象恶马，恶牛恶狗。或值蛇聚，或得块掷，或得杖打，或堕沟渎，或堕厕中，或乘卧牛，或堕深坑，或入刺中，或见村邑，问名问道，见男见女，问姓问名，或观空舍，或如是入族。彼既入已，而问我曰：'尊从何行？'我答彼曰：'诸贤，我趣恶道也。'瞿昙，沙门蛮头如是。

"比丘思五百思，若有异沙门、梵志一切知、一切见者，自称我有无余、知无余，见彼有过也。"

于是，世尊，离于经行，至经行头，敷尼师坛[5]，结跏趺坐，问诸比丘："我所说智慧事，汝等受持[6]耶？"彼诸比丘默然不答。

世尊复至再三问曰："诸比丘，我所说智慧事，汝等受持耶？"诸比丘亦至再三默然不答。

彼时，有一比丘，即从坐起，偏袒着衣，叉手向佛白曰:"世尊,今正是时。善逝⑦,今正是时。若世尊为诸比丘说智慧事,诸比丘从世尊闻当善受持。"

世尊告曰:"比丘,谛听,善思念之。我当为汝具分别说。"

时,诸比丘白曰:"唯然,当受教听。"

佛复告曰:"凡有二众:一曰法众,二曰非法众。何者非法众?或有一行非法说非法,彼众亦行非法说非法。彼非法人住非法众前,自己所知,而虚妄言,不是真实,显示分别,施设其行,流布次第说法,欲断他意弊恶,难诘不可说也。于正法律中,不可称立自己所知。彼非法人住非法众前,自称我有智慧普知。于中若有如是说智慧事者,是谓非法众。何者法众?或有一行法说法,彼众亦行法说法。彼法人住法众前,自己所知,不虚妄言是真是实,显示分别,施设其行,流布次第说,欲断他意弊恶,难诘则可说也。于正法中而可称立自己所知。彼法人住法众前,自称我有智慧普知。于中若有如是说智慧事者,是谓法众。是故汝等,当知法、非法,义与非义。知法非法,义非义已,汝等当学如法如义。"

佛说如是,即从座起,入室燕坐。于是诸比丘便作是念:诸贤当知,世尊略说此义,不广分别,即从坐起,入室燕坐。是故,汝等当知法、非法,义与非义。知法非法,义非义已,汝等当学如法如义。彼复作是念:诸贤,谁能广分别世尊向所略说义？彼复作是念：尊者阿难^⑧是佛侍者而知佛意，常为世尊之所称誉，及诸智梵行人，尊者阿难能广分别世尊向所略说义。诸贤，共往诣尊者阿难所，请说此义，若尊者阿难为分别者，我等当善受持。

于是，诸比丘往诣尊者阿难所，共相问讯，却坐一面，白曰："尊者阿难，当知世尊略说此义，不广分别，即从坐起，入室燕坐。'汝等当知法非法，义与非义。知法非法，义非义已，汝等当学如法如义。'我等便作是念：诸贤，谁能广分别世尊向所略说义？我等复作是念：尊者阿难是佛侍者而知佛意，常为世尊之所称誉，及诸智梵行人。尊者阿难能广分别世尊向所略说义。唯愿尊者阿难，为慈愍故而广说之。"

尊者阿难告曰："诸贤，听我说喻，慧者闻喻则解其义。诸贤，犹如有人欲得求实，为求实故，持斧入林。彼见大树成根茎节，枝叶华实。彼人不触根茎节实，但触枝叶。诸贤所说亦复如是。世尊现在舍，来就我而问此义，所以者何？诸贤当知，世尊是眼是智，是义是法，法主、法将，说真谛义，现一切义由彼世尊。诸贤应往诣世尊所而问此义：'世尊，此云何，此何义？'如世尊说者，诸贤等当善受持。"

时，诸比丘白曰："唯然，尊者阿难，世尊是眼是智，是义是法，法主、法将，说真谛义，现一切义由彼世尊。然尊者阿难是佛侍者而知佛意，常为世尊之所称誉，及诸智梵行人。尊者阿难，能广分别世尊向所略说义。唯愿尊者阿难，为慈愍故而广说之。"

尊者阿难告诸比丘："诸贤等，共听我所说。诸贤，邪见非法，正见是法。若有因邪见生无量恶不善法者，是谓非义。若因正见生无量善法者，是谓是义。诸贤，乃至邪智非法，正智是法。若因邪智生无量恶不善法者，是谓非义。若因正智生无量善法者，是谓是义。诸贤，谓世尊略说此义，不广分别，即从坐起，入室燕坐。是故汝等当知法非法，义与非义。知法非法，义非义已，汝等当学如法如义。此世尊略说，不广分别义，我以此句、以此文广说如是。诸贤可往向佛具陈，若如世尊所说义者，诸贤等便可受持。"

于是，诸比丘闻尊者阿难所说，善受持诵，即从坐起，绕尊者阿难三匝而去，往诣佛所，稽首作礼，却坐一面，白曰："世尊，向世尊略说此义，不广分别，即从坐起，入室燕坐。尊者阿难以此句、以此文而广说之。"

世尊闻已，叹曰："善哉！善哉！我弟子中，有眼有智，有法有义，所以者何？谓师为弟子略说此义，不广分别。彼弟子以此句、以此文而广说之，如阿难所说。汝等应当如是受持。所以者何？以说观义应如是也。"

佛说如是，彼诸比丘闻佛所说，欢喜奉行。

（选自《中阿含经》卷四十九《双品·阿夷那经》第二）

注释

①**鹿子母堂**：在舍卫国，为佛讲法之殿堂。

②**露地经行**：在空地上经行。

③**阿夷那**：外道之名，为沙门蛮头的弟子。

④**瞿昙**：梵文 Gautama 的音译，后多作"乔答摩"，释迦牟尼佛未成道时之俗姓。

⑤**尼师坛**：梵文 Niṣīdana 的音译略称，全称作"尼师但那"。意译为"坐具"。坐卧之时，用以敷地护身，或者放在卧具上用以保护卧具的器具。

⑥**受持**：领受忆持。

⑦**善逝**：佛"十号"之五，指佛能入涅槃。

⑧**阿难**：梵文 Ānanda 的音译略称，全称"阿难陀"，人名。释迦牟尼佛叔父斛饭王之子，释迦牟尼佛的堂弟。释迦牟尼佛成道后曾回家乡说法，阿难即跟从出家，为释迦牟尼佛的"十大弟子"之一。因长于记忆，故被誉为"多闻第一"。

译文

我曾听佛这样说过:

有一次,佛游化于舍卫国,住在东园的鹿子母堂。

那次,世尊在下午三点从静坐中站起,从堂上走到堂下,在殿堂影中露地经行,为众比丘广泛宣说非常深奥、极其微妙的佛法。那时,有一位外道阿夷那——沙门蛮头的弟子,远远地看见世尊从静坐中站起,从堂上走到堂下,在殿堂的影中露地经行,为众位比丘广泛宣说非常深奥、极其微妙的佛法。外道阿夷那——沙门蛮头弟子就前往佛所在之处,与众位比丘相互问讯施礼,然后随佛一起经行。世尊回过头问道:"阿夷那,沙门蛮头真的能思考五百人之心处吗? 就像有些外道沙门、梵志,他们自称什么都知道,什么都见过,自称自己有无余涅槃并知解无余涅槃,这些外道沙门、梵志他们自称什么都知道,什么都见过,自称自己有无余涅槃并知解无余涅槃,这样有过失吗?"

外道阿夷那——沙门蛮头弟子答道:"世尊,沙门蛮头真的能思考五百人的心处,就像有些外道沙门、梵志他们自称什么都知道,什么都见过,自称自己有无余涅槃并知解无余涅槃,这些外道沙门、梵志他们自称什么都知道,什么都见过,自称自己有无余涅槃并知解无余涅槃，这样自称是有过失的。"

世尊又问："阿夷那，为什么说沙门蛮头真的能思考五百人的心处？就像那些外道沙门、梵志他们自称什么都知道，什么都见过，自称自己有无余涅槃并知解无余涅槃，这些外道沙门、梵志他们自称什么都知道，什么都见过，自称自己有无余涅槃并知解无余涅槃，这样有过失吗？"

外道阿夷那答道："世尊，沙门蛮头这么说：或者行走，或者住下，或者坐着，或者躺着，或者睡觉，或者醒来，或是白天，或是黑夜，任何时刻皆能无碍知见。有时碰到狂奔的大象和飞驰的快马，奔驰的马车和逃跑的叛军，奔跑的男男女女们。有时走在路上，遇见凶恶的大象和快马、凶恶的野牛野狗。有时碰上被毒蛇围住，或者用石块掷击，或者用木杖鞭打，或者堕入沟渎之中，或者掉进厕所里面，或者乘的是不会行走的牛，或者堕入万丈深坑，或者跌进荆棘丛中，或者见到村庄城镇，问是什么名，是什么路，或者遇见男人女人，问人姓什么叫什么，或察看空房子，或就进入村族里去。进去后，有人对我道：'尊者要往哪里去？'回答道：'众位贤者，我是在向恶道里去啊！'世尊，沙门蛮头就是如此！

"如果有比丘自称能思考五百人的心处，就像那些外道的沙门、梵志，自称知道一切，见过一切，自称我有无余涅槃，知解无余涅槃，这些外道沙门、梵志他们也自称什么都知道，什么都见过，自称自己有无余涅槃并知解无余涅槃，这样自称是有过失的。"

世尊于是停止了经行，走到经行的路头，敷好尼师坛座，结跏趺坐，问众位比丘："我所说的有关智慧的事，你们都能领纳受持吗？"那些比丘一个个默不作声，没有回答。

世尊又反复再三地问："诸位比丘，我所说的有关智慧的事，你们都能领纳受持吗？"众位比丘仍是默默不作声，没有回答。

当时，有一位比丘就从座位上起来，偏袒着僧衣，合掌向佛道："世尊，现在正是时候。善逝，现在正是时候。如果世尊为众位比丘讲说有关智慧的事，众位比丘听了世尊的宣讲，应当会善于领纳受持的。"

世尊道："比丘们，好好听着，听完后认真思考。我会为你们全都一一分别解说。"

当时，众位比丘道："我们都会聆听您的教诲。"

佛又告诉众位比丘："一共有二众：一叫法众，二称非法众。什么叫非法众呢？或许有个人，他自己行非法之事，又说非法之事，他的弟子们也行非法之事，说非法之事。他是非法之人，又住在非法之众人前。自己明明知道这些，但却不说真话，胡说这些都不是真的，各自分别显示，计划施行自己的行事，不断流传广布，一个接一个地说法，想断绝别人的坏心恶道，驳斥反诘他人不能如此言说。在正法律中，人们不能自称自立自己所知的东西。那位非法之人住在非法众前，自称自己有智慧，知道所有的一切。如果众人中有像这样宣说智慧之事的，这就叫作非法众。什么叫作法众呢？如果有一个人行合法之事，说合法之言，他的众位弟子也行合法之事，说合法之言。这位法人住在法众前，对自己所知道的，不胡言乱语，宣称这是真实的，一定要分别一个个显示出来，计划施行自己的所作所为，不断流传广布，不断继续说法，想断绝他人的坏心恶意，责难诘问都可以。在正法律中，却可以称立自己所知道的东西。那位法人住在法众前，自称自己有智慧，知道所有的一切。如果众人中有如此宣说智慧之事的，这就叫法众。所以你们应当知道什么是法，什么是非法，什么是义，什么是非义。知道了法与非法、义与非义以后，你们就应当学习怎么如法，怎么如义。"

佛这样说了以后，就从座位上起来，进入室内静坐。于是众位比丘这样想：众位贤者应当知道，世尊是简单地叙说这个义理，没有广泛地分别解析，他就从座位上起来，进入室内静坐了。所以你们应当知道什么是法，什么是非法，什么是义，什么是非义。知道了法与非法、义与非义以后，你们就应当学习怎么合法，怎么合义。众位比丘又这样想道：众位贤者，谁能广泛地分别解说世尊所说的义理？众位比丘又这样想：阿难尊者是佛的侍从弟子，知解佛的意思，经常得到佛以及诸位有智慧有清净之行之人的称赞，阿难尊者一定能全面地对佛略说的意义进行分别解说。诸位贤者，大家一起去尊者阿难所住之处吧，恭请阿难为我们讲说这些意义。如果阿难尊者能为我们分别解说，我们应当认真地领纳受持。

于是，诸位比丘前往阿难的住所，相互施礼问讯后，退坐到一边，对阿难道："阿难尊者，您知道世尊为我们简单地说了这样的义理，没有再多分别解说，就从其座位上起来，进入室内静坐。'你们应当知道什么是法，什么是非法，什么是义，什么是非义。知道了法与非法、义与非义之后，你们就应当学习怎么合法，怎么合义。'我们于是就想：诸位贤者，谁能更广泛细致地为我们分别解说佛世尊前面所说的义理呢？我们又这样想：阿难尊者是佛的侍从弟子，知解佛意，经常得到世尊以及诸位有智慧有清净之行之人的称赞。阿难尊者一定能详细地为我们分别讲说佛世尊前面所说的大意。只盼阿难尊者慈悲怜愍我们，为我们详细分别解说。"

阿难尊者道："诸位贤者，听我打一个比方，聪明的人听了譬喻以后就明白其义了。诸位贤者，譬如有一个人想得到果实，为此，他拿了斧子进入森林。他见到大树盘根错节，枝繁花盛，果实丰硕。他不去动树根、树茎和果实，却去动那树枝和树叶。诸位贤者所说的，也同样如此。你们现在离开了世尊，却来到我这里问我这个意义，为什么呢？诸位贤者应当知道，世尊就是眼就是智，世尊就是义就是法，就是法主、法将，宣说真谛实义，现在一切法义都是从世尊处而来。诸位贤者应当前往世尊之所而请教此义：'世尊，这叫什么？这是什么意义？'如果世尊讲说的话，诸位贤者应当认真地领纳受持。"

当时，诸位比丘禀道："是啊，阿难尊者，世尊是眼是智，世尊是义是法，是法主、法将，宣说真谛实义，现在一切法义都是从世尊处而来的。但是阿难尊者是佛的侍从弟子，所以深解佛意，常常受到世尊以及诸位有智慧修习清净梵行之人的称赞。阿难尊者，能全面详细地讲说世尊以前所说的佛法大意。只盼阿难尊者，能慈悲怜愍我们，而为我们全面解说。"

阿难尊者告诉诸位比丘："众位贤者，请一起听我说。诸位贤者，邪见为非法，正见才是法。如果有因为邪见而产生许许多多不善法的，那就叫非义。如果因为正见而产生出无量善法的，那就叫作是义。诸位贤者，如此乃至于邪智是非法，正智才是法。如果因为邪智而产生许多不善法的，这就是非义。如果是因为正智而产生无量善法的，那这就是义。诸位贤者，世尊简扼地说了这个意义，没有做更多的分别细析，就从座位上站起，进入室内静坐了。所以你们应当知道法与非法、义与非义。明解法与非法、义与非义以后，你们应当学习怎样合法，怎样合义。这就是世尊简扼略说，没有再更全面分别细说的义理。我就以此句以此文进行全面讲说。诸位贤者可以前往佛所居之处，向佛全面陈述，如果是像佛前面所说的法义的话，诸位贤者就可以领纳受持。"

于是诸位比丘聆听阿难讲说，认真领受、记诵，然后就从座位上起来，向右绕着阿难尊者走了三圈，然后离去，前往佛所住处，五体投地，行礼而后退坐到一边，道："世尊，以前世尊只是简扼地略说了此义，没有再做更多细致的分别说明，就从座位上起来，进入室内静坐。阿难尊者是以这样的文句而对我们全面细致解说的。"

世尊听完以后，赞叹道："真好啊，真好啊。我的弟子有眼有智，有法有义。为什么？当师长的为弟子略说佛法大义，不多做分别解说。其弟子就以此文句进行全面细致解说，就像阿难所说的那样。你们应当这样领纳受持。为什么？因为讲说观义应该是这样。"

佛就是这样说的，那些比丘听了佛所说的以后，高高兴兴遵守奉行。

10 龙象经

——唯佛大龙象，为众所赞颂

原典

我闻如是：

一时，佛游舍卫国，在东园鹿子母堂。

尔时，世尊则于晡时从宴坐起，堂上来下，告曰："乌陀夷，共汝往至东河澡浴。"

尊者乌陀夷白曰："唯然。"

于是，世尊将尊者乌陀夷往至东河，脱衣岸上，便入水浴。浴已还出，拭体着衣。

尔时，波斯匿王有龙象①，名曰念，作一切妓乐，历渡东河。众人见已，便作是说："是龙中龙②，为大龙王，为是谁耶？"

尊者乌陀夷叉手向佛，白曰："世尊，象受大身，众人见已，便作是说：'是龙中龙，为大龙王，为是谁耶？'"

世尊告曰："如是，乌陀夷，如是，乌陀夷，象受大身，众人见已，便作是说：'是龙中龙，为大龙王，为是谁耶？'乌陀夷，马、骆驼、牛、驴、胸行、人、树，生大形，乌陀夷，众人见已，便作是说：'是龙中龙，为大龙王，为是谁耶？'乌陀夷，若有世间，天及魔、梵③、沙门、梵志，从人至天，不以身口意害者，我说彼是龙。乌陀夷，如来于世间，天及魔、梵、沙门、梵志，从人至天，不以身口意害，是故我名龙④。"

于是尊者乌陀夷叉手向佛，白曰："世尊，唯愿世尊，加我威力，善逝加我威力，令我在佛前，以龙相应颂颂赞世尊。"

世尊告曰："随汝所欲。"

于是，尊者乌陀夷，在于佛前，以龙相应颂，赞世尊曰：

> 正觉生人间，自御得正定；
> 修习行梵迹，息意能自乐。
> 人之所敬重，越超一切法；
> 亦为天所敬，无着至真人⑤。
> 越度一切结⑥，于林离林去；
> 舍欲乐无欲，如石出真金。

普闻正尽觉，如日升虚空；

一切龙中高，如众山有岳。

称说名大龙，而无所伤害；

一切龙中龙，真谛无上龙。

温润无有害，此二是龙足；

苦行及梵行，是谓龙所行。

大龙信⑦为手，二功德⑧为牙；

念⑨项智慧头，思惟分别法⑩。

受持诸法腹，乐远离双臂；

住善息出入，内心至善定。

龙行止俱定，坐定卧亦定；

龙一切时定，是谓龙常法。

无秽家受食，有秽则不受；

得恶不净食，舍之如师子。

所得供养者，为他慈愍受；

龙食他信施，存命无所着。

断除大小结，解脱一切缚；

随彼所游行，心无有系着。

犹如白莲花，水生水长养；

泥水不能着，妙香爱乐色。

如是最上觉，世生行世间；

不为欲所染，如华水不着。

犹如然火炽，不益薪则止；

无薪火不传，此火为之灭。

慧者说此喻，欲令解其义；

是龙之所知，龙中龙所说。

远离淫欲恚，断痴得无漏；

龙舍离其身，此龙谓之灭。

佛说如是，尊者乌陀夷闻佛所说，欢喜奉行。

（选自《中阿含经》卷二十九《大品·龙象经》第二）

注释

①**龙象**：又壮又大的象。龙是形容词，犹如"龙马"指高大的骏马。佛经中多以"龙象"喻众阿罗汉中修行勇猛，有最大力者，故多称指佛。这是因为水行中龙力最大，陆行中象力最大。

②**龙中龙**：这里"龙"仍为形容词，据下文，知过河的为大象，故大象中大中之大者，盖为大象之王。

③**魔、梵**：指欲界第六天之魔王与色界的梵天王。

④**我名龙**：即"我名大龙象"。这里龙象取其譬喻意义。

⑤**至真人**：称如来。如来离一切虚伪，故称"至真"。

⑥**一切结**：一切烦恼。结为烦恼之别名。

⑦**信**：对于佛法僧等三宝深信不疑。

⑧**二功德**：疑为"功德田"，即"功德福田"，指佛法僧三宝。若能恭敬供养佛法僧三宝，既能成就无量功德，也能获得福报。

⑨**念**：正念。"八正道"之一，明记四谛等真理。

⑩**分别法**：也作"择法"。对有关的法进行观察、研究。

译文

我曾听佛这样说过：

有一次，佛游化于舍卫国，在东园鹿子母堂。

当时，世尊在午后三时从静坐中起来，从堂上来到堂下道："乌陀夷，我和你一起到东河去沐浴。"

乌陀夷尊者答道："好的。"

于是，世尊就带着尊者乌陀夷前往东河。到了以后，他们脱下衣服放在岸上，就下河沐浴了。沐浴后上岸，擦干了身子，穿上了衣服。

正在这时，波斯匿国王处有一匹名叫念，能做一切妓乐的大象，也在涉水渡东河。众人见到了，就道："这真是龙中之龙了，是大象之王，这是谁呢？"

乌陀夷尊者合掌对佛道："那象长得又高又大，众人见后便道:'这真是龙中之龙,是大象之王,这是谁呢?'"

世尊告诉他道:"就像这样,乌陀夷。就像这样,乌陀夷。那象长得又高又大,众人见后便如此道:'这真是龙中之龙了,这是大象之王,这是谁呢?'乌陀夷,马、骆驼、牛、驴、像蛇等以胸腹而行的爬虫类、人、树等庞大之物,乌陀夷,众人见后便会如是道:'这真是龙中龙了,这是大龙王,这是谁呢?'乌陀夷,如果有世间,天以及魔、梵、沙门、梵志,从人类到诸天都能身、口、意三业清净,不以三恶业而为害的话,我认为他就是龙象。乌陀夷,如来对于世间,天及魔、梵、沙门、梵志,能做到从人类到诸天都能具有身、口、意清净三业,不以三恶业而为害,所以我就叫作龙象。"

于是乌陀夷尊者合掌向佛道:"世尊,我只盼世尊能使我增加无穷的威力,盼善逝能使我增加巨大的威力,可让我能在佛前以龙相应颂赞颂如来。"

世尊对他说:"可以满足你的愿望。"

于是尊者乌陀夷,就在佛前,用龙相应颂来赞颂世尊:

> 觉悟正道生人间,持戒自御得正定;
> 修习梵行行清净,心意静寂能自乐。
> 为人敬重受爱戴,超越世间一切法;

也被诸天所敬重，无着清净至真人。
度脱一切烦恼结，涅槃双林离林去；
抛弃欲乐无所欲，犹如石中出真金。
普闻正法得正觉，犹如太阳升天空；
世间一切龙为大，犹如众山岳为高。
佛被称作是大龙，对一切都不伤害；
佛为龙中之大龙，最高真理无上龙。
温柔湿润无有害，此二点即是龙足；
修习苦行及梵行，这就叫作龙所行。
大龙以信为其手，以二功德为其牙；
念为颈项智慧头，思惟分别一切法。
受持诸法入其腹，欲乐远离其双臂；
呼吸出入俱为善，心内善定达至极。
龙行龙止俱为定，龙坐龙卧亦为定；
无论何时龙皆定，此即龙所行常法。
清净之家乞受食，有污有秽则不受；
若得不净之坏食，舍之不惜如狮子。
其所供养信施者，一心为其慈愍受；
龙若食其清净施，长养寿命无所着。
断除所有烦恼结，解脱一切烦恼缚；
随其处处游行去，心无系着真清净。
犹如水中白莲花，水生水长水中开；

出于泥水而不染，清香美丽人所爱。

就像如此最上觉，世生世长行世间；

出于尘俗不为染，犹如水中白莲花。

犹如火堆烈火旺，不添柴薪火则灭；

没有柴薪火不续，火堆从此为之灭。

智慧之人说此喻，想让众人明其义；

此为大龙之所知，龙中之龙之所说。

远离淫欲和嗔恚，断除痴愚得清净；

于是龙舍离其身，此即谓龙之涅槃。

佛就是这么说的，尊者乌陀夷听了佛所说的以后，高高兴兴地遵守奉行。

11 世间经

——自觉世间法，宣说世间法

原典

我闻如是：

一时，佛游舍卫国，在胜林给孤独园。

尔时，世尊告诸比丘："如来自觉世间^①，亦为他说，如来知世间。如来自觉世间习^②，亦为他说，如来断世间习。如来自觉世间灭^③，亦为他说，如来世间灭作证。如来自觉世间道迹，亦为他说，如来修世间道迹。若有一切尽普正，有彼一切如来知见觉得。所以者何？如来从昔夜觉无上正尽之觉，至于今日夜，于无余涅槃^④界，当取灭讫。于其中间，若如来口有所言说，有所应对者，彼一切是真谛，不虚不离于如^⑤，亦非颠倒，真谛审实。若说师子者，当如说如来，所以者何？如来在众有所讲说，谓师子吼。一切世间，天及魔、梵、沙门、梵志，从人至天，如来是梵有，如来至冷有，无烦亦无热，真谛不虚有。"于是世尊说此颂曰：

> 知一切世间，出一切世间；
> 说一切世间，一切世如真。
> 彼最上尊雄，能解一切缚[6]；
> 得尽一切业，生死悉解脱。
> 是天亦是人，若有归命佛；
> 稽首礼如来，甚深极大海。
> 知已亦修敬，诸天香音神[7]；
> 彼亦稽首礼，谓随于死者。
> 稽首礼智士，归命[8]人之上；
> 无忧离尘安，无碍诸解脱。
> 是故当乐禅，住远离极定，
> 当自作灯明，无我必失时[9]，
> 失时有忧戚，谓堕地狱中。

佛说如是，彼诸比丘闻佛所说，欢喜奉行。

（选自《中阿含经》卷三十四《大品·世间经》第二十一）

注释

①**世间**：与"世界"同义。《翻译名义集》卷三："间之与界，名异义同。间是隔别间差，界是界畔分齐。"

②**习**：可译为因缘，即原因。下一"习"可译为习气。

③**灭**：即"灭谛"，"四谛"之一，说苦的消灭。"四谛"乃佛教教义的最基本内容。

④**无余涅槃**：与"有余涅槃"相对。指"生死"之因果都尽，不再受生于世间三界者。有余涅槃则指虽生死原因之烦恼已经断绝，但作为前世惑业造成的果报身还留在世间。如释迦牟尼三十岁证得无上大道而成佛，因当时他的肉体还是过去惑业之果的剩余，故称"有余涅槃"，而到他八十岁逝世，才是入"无余涅槃"。

⑤**如**：即"如实"，也称"真如"等，指佛所说的绝对真理。

⑥**缚**："烦恼"的别名。因烦恼能系缚人，使人不得自由自在，故名。

⑦**香音神**：也称"香神"，为"天龙八部"之一。音译名为"乾闼婆神"（Gandharva），此神食香，并能从身上放出香气，故名"香神"。此神主音乐，故有时也称"乐神"，多称"香音神"。

⑧**归命：**将自己的身命归依信顺于佛门。

⑨**无我必失时：**无我可理解为远离我执，不执着于"我"。如此就必与世俗理解的"时"相违。

译文

我曾听佛这样说过：

有一次，佛游化于舍卫国，在胜林给孤独园。

当时，佛告诉诸位比丘："如来自觉悟世间法，就为他人宣说，如来了知世间。如来明白了世间烦恼的原因，也对他人讲说，如来断绝世间烦恼之习气。如来自觉悟世间灭谛真理，也跟他人宣讲，如来在世间证得涅槃。如来自觉悟并成立世间之妙道，也向他人宣传，如来修习世间之妙道。若有，则所有一切全都正确圆满；所有一切均为如来所知、所见、所觉、所得。这是为什么？如来自以前的那个夜间证得无上真正大觉，一直到今夜，他将在无余涅槃界进入寂灭。在此中间，如来所有言语应答，都是真理，不虚如实；也不颠倒，真实绝对。所以如果说狮子的话，该就是说如来。为什么？如来在大众中所有宣讲演说，就叫作是狮子吼。一切世间，诸天及梵、魔、沙门、梵志，从人到天，唯有如来净洁离欲，清凉无比，没有烦忧，没有热恼，真理如实，不虚不妄。"

于是，世尊为诸位比丘宣讲如下一首偈颂：

了知世间一切法，出离世间一切法；
宣说世间一切法，世间诸法皆真如。
佛是最高之尊雄，能解一切烦恼缚；
能灭种种业因缘，生老病死全解脱。
天神人类诸众生，若有皈依佛门者；
稽首礼拜如来佛，恭敬无比至海深。
觉后仍亦修敬心，诸天之中香音神；
他亦礼拜表恭敬，说愿随于众死者。
稽首礼拜有智士，归命愿升人之上；
无忧无恼离俗尘，无阻无碍全解脱。
所以当有禅定乐，安住己果离极定，
当自作灯自照明，远离我执必失时，
失时若有忧戚生，此谓必堕地狱中。

佛如此讲说，众位比丘听完佛所说的道理，高高兴兴奉照施行。

12 说无常经

——世中阿罗汉，知世为无常

原典

我闻如是：

一时，佛游舍卫国，在胜林给孤独园。

尔时，世尊告诸比丘："色①者无常，无常则苦，苦则非神。觉②亦无常，无常则苦，苦则非神。想③亦无常，无常则苦，苦则非神。行④亦无常，无常则苦，苦则非神。识⑤亦无常，无常则苦，苦则非神。是为色无常，觉、想、行、识无常，无常则苦，苦则非神。多闻⑥圣弟子作如是观，修习七道品⑦，无碍正思正念。彼如是知，如是见，欲漏⑧心解脱，有漏⑨无明漏⑩心解脱。解脱已，便知解脱。我生已尽，梵行⑪已立，所作已办，不更受有，知如真。若有众生及九众生居⑫，乃至有想无想处⑬，行余第一有⑭，于其中间是第一，是大，是胜，是最，是尊，是妙，谓世中阿罗诃。所以者何？世中阿罗诃得安隐快乐。"

于是世尊说此颂曰：

> 无着⑮第一乐，断欲无有爱；
> 永舍离我慢⑯，裂坏无明网⑰。
> 彼得不移动，心中无秽浊；
> 不染着世间，梵行得无漏。
> 了知于五阴⑱，境界七善法⑲；
> 大雄⑳游行处，离一切恐怖。
> 成就七觉㉑宝，具学三种学㉒；
> 妙称上朋友，佛最上真子㉓。
> 成就十支道㉔，大龙极定心；
> 是世中第一，彼则无有爱。
> 众事不移动，解脱当来有；
> 断生老病死，所作办灭漏。
> 兴起无学智，得身最后边；
> 梵行第一具，彼心不由他。
> 上下及诸方，彼无有喜乐；
> 能为师子吼，世间无上觉。

佛说如是，彼诸比丘闻佛所说，欢喜奉行。

（选自《中阿含经》卷二十九《大品·说无常经》

第四）

注释

①**色**："五蕴"之一，意为物质。在"五蕴"和合成人身的概念中，指肉体。

②**觉**："五蕴"之一，也称"受""痛"等，指感官生起的苦、乐、喜、忧等感情、感觉。

③**想**："五蕴"之一，指理性活动、概念作用。

④**行**："五蕴"之一，专指意志活动。

⑤**识**："五蕴"之一，指统一受、想、行等活动的意识。

⑥**多闻**：多闻佛之妙法。释迦牟尼佛十大弟子中的阿难陀博闻强记，知识渊博，深得释迦牟尼佛的真传，被认为是佛十大弟子中"多闻第一"。

⑦**七道品**：应为"三十七道品"。元、明、知恩院本《大藏经》均作"三十七道品"。道品指达到佛教觉悟，趋向涅槃的途径，共分七种三十七项，称"三十七道品"，即：四念处（四念住）、四正勤（四正断）、四如意足（四神足）、五根、五力、七觉支（七菩提分）、八正道。

⑧**欲漏**："三漏"之一。漏是烦恼的异名。欲界中除无明以外的一切烦恼称欲漏。

⑨**有漏**："三漏"之一。有是"苦果"的异名，为色

界、无色界的总称。色界、无色界中除无明以外的一切烦恼称有漏。

⑩**无明漏**："三漏"之一。指欲界、色界、无色界三界一切无明。

⑪**梵行**：梵为清净之义。断淫欲之法称梵行，即梵天之行法。修梵行后能升梵天。

⑫**九众生居**：也称"九有情居"。三界中众生喜欢住的地方有九所，故称。（一）欲界之人与六天，（二）初禅天，（三）二禅天，（四）三禅天，（五）四禅天中之无想天，（六）空处，（七）识处，（八）无所有处，（九）非想非非想处。《大乘义章》卷八末："此之九处，众生乐住，名众生居。"

⑬**有想无想处**：有想与无想之有情所居之处。

⑭**第一有**：也叫"有顶"，为物质世界的最高处。取生存界最上部之意，故谓"有顶""第一有"。

⑮**无着**：不执着于事物。

⑯**我慢**：依恃于"我"而骄傲自大，轻慢他人。

⑰**无明网**：无明如网。无明，也称"痴""愚痴"，为"十二因缘"之一、"三毒"之一、"根本烦恼"之一，指无智、愚昧，不明佛教真理。

⑱**五阴**：即"五蕴"，指构成人的五种要素、成分：色、受、想、行、识。

⑲**七善法**：也称"七善"。佛教经典具备"七善"，故称七善法。七善之内容，众说不一。如有说为：时善、义善、语善、独法、具足、清净调柔、梵行。（见《成实论》卷一《善品》）

⑳**大雄**：佛之德号。佛有大力，能降伏四魔，故名。《法华经·从地涌出品》："善哉，善哉，大雄世尊。"

㉑**七觉**：也称"七觉分"或"七菩提分"等。觉有觉了、觉察义，将定、慧等法均等分为七份，故名。

㉒**三种学**：即"三学"，指学佛者所修持的戒学、定学、慧学，包括了佛教的全部内容。

㉓**真子**：宋、元、明本《大藏经》"真"作"尊"。

㉔**十支道**：释迦牟尼佛在人间成就十种道，故佛经应之而起"十号"。

译文

我曾听佛这样说过：

有一次，佛游化于舍卫国，在胜林给孤独园。

当时，世尊告诉诸位比丘："色是无常，无常则有痛苦，有苦就没有恒常的自我。受也是无常，无常则有痛苦，有苦就没有恒常的自我。想也是无常，无常则有痛苦，有苦就没有恒常的自我。行也是无常，无常则有痛苦，有苦就没有恒常的自我。识也是无常，无常则有痛苦，有苦就没有恒常的自我。如此则色是无常，受、想、行、识是无常，无常则有痛苦，有苦就没有恒常的自我。多闻圣弟子，应作如此观察，修习三十七道品，无阻无碍，正思正念。你们若能有如此知，如此见解，欲漏之心即得以解脱，有漏、无明漏之心即得以解脱。解脱以后就能真正理解关于解脱。我的生死业报已经终尽，清净无垢的梵行已经完成了，我所应该做的事都已经做了，自己了知不再受生死轮回，觉悟如实真理。如果有众生及九众生居，乃至有想无想处，能行至第一有顶天，于此之间，即为第一，是大者，是胜者，至高无上，尊贵无比，妙不可言，就被称作是世中阿罗汉。这是为什么呢？因为世上的阿罗汉得有无比安隐快乐。"

于是世尊宣说了如下一首偈颂：

> 无着无欲最快乐，断除欲念无有爱；
> 永远去除我慢心，撕开毁除无明网。
> 心住禅定不移动，心中无秽也无浊；
> 世间一切不贪恋，修得梵行无烦恼。
> 彻底觉了五蕴空，无上境界七善法；
> 世尊游化行进处，宁静平安无恐怖。
> 成就七觉无上宝，具学至道三种学；
> 精微深远是好友，佛为至高最尊者。

成就十支解脱道，大龙至极住定心；
此乃世中最第一，无欲无爱心静寂。
诸事相扰心不动，解脱烦恼有将来；
断绝生老病死苦，所做已成烦恼灭。
修习建立无学道，得身最后成罗汉；
具有梵行为第一，心净住定不随他。
四面八方及上下，无喜无乐得自在；
能为说法狮子吼，能成世间无上觉。

　　佛如此说，众位比丘聆听佛所说真理，高高兴兴遵守奉行。

13 鹦鹉经

——众生自行善恶业，因业相应得果报

原典

我闻如是：

一时，佛游舍卫国，在胜林给孤独园。

尔时，世尊过夜平旦[①]，着衣持钵，入舍卫[②]乞食。于乞食时，往诣鹦鹉摩纳都提子家。是时，鹦鹉摩纳都提子少有所为，出行不在。彼时，鹦鹉摩纳都提子家有白狗在大床上金槃[③]中食。于是，白狗遥见佛来，见已便吠。世尊语白狗："汝不应尔，谓汝从哦[④]至吠。"

白狗闻已，极大瞋恚，从床来下，至木聚边，忧戚愁卧。

鹦鹉摩纳都提子于后还家，见己白狗极大瞋恚，从床来下，至木聚边，忧戚愁卧，问家人曰："谁触娆[⑤]我狗，令极大嗔恚，从床来下，至木聚边，忧戚愁卧？"

家人答曰："我等都无触娆白狗，令大嗔恚，从床来下，至木聚边，忧戚愁卧。摩纳，当知今日沙门瞿昙来此乞食，白狗见已，便逐吠之。沙门瞿昙语白狗曰：'汝不应尔，谓汝从呧至吠。'因是摩纳，故令白狗，极大嗔恚，从床来下，至木聚边，忧戚愁卧。"

鹦鹉摩纳都提子闻已，便大嗔恚，欲诬世尊，欲谤世尊，欲堕世尊。如是诬、谤、堕沙门瞿昙，即从舍卫出，往诣胜林给孤独园。

彼时，世尊，无量大众，前后围绕，而为说法。世尊遥见鹦鹉摩纳都提子来，告诸比丘："汝等见鹦鹉摩纳都提子来耶？"

答曰："见也。"

世尊告曰："鹦鹉摩纳都提子今命终者，如屈伸臂顷⑥，必生地狱。所以者何？以彼于我极大嗔恚。若有众生因心嗔恚故，身坏命终必至恶处，生地狱中。"

于是，鹦鹉摩纳都提子，往诣佛所，语世尊曰："沙门瞿昙，今至我家乞食来耶？"

世尊答曰："我今往至汝家乞食。"

"瞿昙，向我白狗说何等事，令我白狗极大嗔恚，从床来下，至木聚边，忧戚愁卧？"

世尊答曰："我今平旦着衣持钵，入舍卫乞食，辗转往诣汝家乞食。于是白狗遥见我来，见已而吠。我语白狗：'汝不应尔，谓汝从呧至吠。'是故白狗极大嗔恚，从床来下，至木聚边，忧戚愁卧。"

鹦鹉摩纳问世尊曰："白狗前世是我何等？"

世尊告曰："止！止！摩纳，慎莫问我。汝闻此已，必不可意。"

鹦鹉摩纳复更再三问世尊曰："白狗前世是我何等？"

世尊亦至再三告曰："止！止！摩纳，慎莫问我。汝闻此已，必不可意。"

世尊复告于摩纳曰："汝至再三问我不止。摩纳，当知彼白狗者，于前世时，即是汝父，名都提也。"

鹦鹉摩纳闻是语已，倍极大恚。欲诬世尊，欲谤世尊，欲堕世尊。如是诬、谤、堕沙门瞿昙，语世尊曰："我父都提大行布施，作大斋祠，身坏命终，正生梵天。何因何缘，乃生于此下贱狗中？"

世尊告曰："汝父都提以此增上慢⑦，是故生于下贱狗中。

> 梵志增上慢，此终六处生。
> 鸡狗猪及豺，驴五地狱六。

"鹦鹉摩纳，若汝不信我所说者，汝可还归语白狗曰：'若前世时是我父者，白狗当还在大床上。'摩纳，白狗必还上床也。'若前世时是我父者，白狗还于金槃中食。'摩纳，白狗必当还于金槃中食也。'若前世时是我父者，示我所举金、银、水精、珍宝藏处，谓我所不知。'摩纳，白狗必当示汝已前所举金、银、水精、珍宝藏处，谓汝所不知。"

于是鹦鹉摩纳闻佛所说，善受持诵。绕世尊已，而还其家，语白狗曰："若前世时是我父者，白狗，当还在大床上。"白狗即还在大床上。

"若前世时是我父者，白狗，还于金槃中食。"白狗即还金槃中食。

"若前世时是我父者，当示于我父本所举金、银、水精、珍宝藏处，谓我所不知。"白狗即从床上来下，往至前世所止宿处，以口及足掊⑧床四脚下。鹦鹉摩纳便从彼处大得宝物。

于是鹦鹉摩纳都提子得宝物已，极大欢喜，以右膝着地，叉手向胜林给孤独园，再三举声，称誉世尊："沙门瞿昙所说不虚，沙门瞿昙所说真谛，沙门瞿昙所说如实。"再三称誉已，从舍卫出，往诣胜林给孤独园。

尔时，世尊，无量大众前后围绕，而为说法。世尊遥见鹦鹉摩纳来，告诸比丘："汝等见鹦鹉摩纳来耶？"

答曰："见也。"

世尊告曰："鹦鹉摩纳今命终者，如屈伸臂顷，必至善处。所以者何？彼于我极有善心。若有众生因善心故，身坏命终必至善处，生于天中。"

尔时，鹦鹉摩纳往诣佛所，共相问讯，却坐一面。世尊告曰："云向摩纳，如我所说白狗者为如是耶，不如是耶？"

鹦鹉摩纳白曰："瞿昙，实如所说。瞿昙，我复欲有所问，听乃敢陈。"

世尊告曰："恣汝所问。"

"瞿昙，何因何缘，彼众生者，俱受人身，而有高下，有妙不妙？所以者何？瞿昙，我见有短寿、有长寿者；见有多病、有少病者；见不端正、有端正者；见无威德、有威德者；见有卑贱族、有尊贵族者；见无财物、有财物者；见有恶智、有善智者。"

世尊答曰："彼众生者，因自行业，因业得报。缘业、依业、业处，众生随其高下处妙不妙。"

鹦鹉摩纳白世尊曰："沙门瞿昙所说至略，不广分别，我不能知。愿沙门瞿昙，为我广说，令得知义。"

世尊告曰："摩纳，谛听，善思念之。我当为汝广分别说。"

鹦鹉摩纳白曰："唯然，当受教听。"

佛言："摩纳，何因何缘，男子女人寿命极短？若有男子女人，杀生凶弊，极恶饮血，害意着恶，无有慈心，于诸众生乃至昆虫。彼受此业，作具足已，身坏命终，必至恶处，生地狱中。来生人间，寿命极短。所以者何？此道受短寿，谓男子女人杀生凶弊，极恶饮血。摩纳，当知此业有如是报也。摩纳，何因何缘，男子女人，寿命极长？若有男子女人，离杀断杀，弃舍刀杖，有惭有愧，有慈悲心，饶益一切，乃至昆虫。彼受此业，作具足已，身坏命终，必升善处，生于天中。来生人间，寿命极长。所以者何？此道受长寿，谓男子女人离杀断杀。摩纳，当知此业有如是报也。

"摩纳，何因何缘，男子女人多有疾病？若有男子女人，触娆众生，彼或以手拳，或以木石，或以刀杖，触娆众生。彼受此业，作具足已，身坏命终，必至恶处，生地狱中。来生人间，多有疾病。所以者何？此道受多疾病，谓男子女人触娆众生。摩纳，当知此业有如是报也。摩纳，何因何缘，男子女人，无有疾病？若有男子女人，不触娆众生，彼不以手拳，不以木石，不以刀杖触娆众生。彼受此业，作具足已，身坏命终必升善处，生于天中。来生人间，无有疾病。所以者何？此道受无疾病，谓男子女人不触娆众生。摩纳，当知此业有如是报也。

"摩纳，何因何缘，男子女人形不端正？若有男子女人急性多恼，彼少所闻，便大嗔恚，憎嫉生忧，广生诤怒。彼受此业，作具足已。身坏命终，必至恶处，生地狱中。来生人间，形不端正。所以者何？此道受形不端正，谓男子女人急性多恼。摩纳，当知此业有如是报也。摩纳，何因何缘，男子女人形体端正？若有男子女人不急性多恼，彼闻柔软粗犷强言，不大嗔恚，不憎嫉生忧，不广生诤怒。彼受此业，作具足已，身坏命终，必升善处，生于天中。来生人间，形体端正。所以者何？此道受形体端正，谓男子女人不急性多恼。摩纳，当知此业有如是报也。

"摩纳，何因何缘，男子女人无有威德？若有男子女人内怀嫉妒，彼见他得供养恭敬，便生嫉妒。若见他有物，欲令我得。彼受此业，作具足已，身坏命终，必至恶处，生地狱中。来生人间，无有威德。所以者何？此道受无威德，谓男子女人内怀嫉妒。摩纳，当知此业有如是报也。摩纳，何因何缘，男子女人有大威德？若有男子女人，不怀嫉妒，彼见他得供养恭敬，不生嫉妒，若见他有物，不欲令我得。彼受此业，作具足已，身坏命终，必升善处，生于天中。来生人间，有大威德。所以者何？此道受有威德，谓男子女人不怀嫉妒。摩纳，当知此业有如是报也。

"摩纳，何因何缘，男子女人生卑贱族？若有男子女人骄傲大慢，彼可敬不敬，可重不重，可贵不贵，可奉不奉，可供养不供养，可与道不与道，可与坐不与坐，可又手向礼拜问讯不又手向礼拜问讯。彼受此业，作具足已，身坏命终，必至恶处，生地狱中。来生人间，生卑贱族。所以者何？此道受生卑贱族，谓男子女人骄傲大慢。摩纳，当知此业有如是报也。摩纳，何因何缘，男子女人生尊贵族？若有男子女人，不骄傲大慢，彼可敬而敬，可重而重，可贵而贵，可奉事而奉事，可供养而供养，可与道而与道，可与坐而与坐，可又手向礼拜问讯而又手向礼拜问讯。彼受此业，作具足已，身坏命终，必升善处，生于天中。来生人间，生尊贵族。所以者何？此道受生尊贵族，谓男子女人不骄傲大慢。摩纳，当知此业有如是报也。

"摩纳，何因何缘，男子女人无有财物？若有男子女人，不作施主，不行布施，彼不施与沙门、梵志、贫穷、孤独、远来乞者饮食、衣被、华鬘^⑩、涂香、屋舍、床榻、明灯、给使。彼受此业，作具足已，身坏命终，必至恶处，生地狱中。来生人间，无有财物。所以者何？此道受无财物，谓男子女人不作施主，不行布施。摩纳，当知此业有如是报也。摩纳，何因何缘，男子女人多有财物？若有男子女人，作施主，行布施，彼施与沙门、梵志、贫穷、孤独、远来乞者饮食、衣被、花鬘、涂香、屋舍、床榻、明灯、给使。彼受此业，作具足已，身坏命终，必升善处，生于天中。来生人间，多有财物。所以者何？此道受多有财物，谓男子女人作施主，行布施。摩纳，当知此业有如是报也。

"摩纳，何因何缘，男子女人有恶智慧？若有男子女人不数数往诣彼问事，彼若有名德、沙门、梵志，不往诣彼随时问义：'诸尊，何者为善，何者不善？何者为罪，何者非罪？何者为妙，何者不妙？何者为白，何者为黑？白黑从何生？何义现世报，何义后世报？'设问不行。彼受此业，作具足已，身坏命终，必至恶处，生地狱中。来生人间，有恶智慧。所以者何？此道受恶智慧，谓男子女人不数数往诣彼问事。摩纳，当知此业有如是报也。摩纳，何因何缘，男子女人有善智慧？若有男子女人，能数数往诣彼问事，彼若有名德、沙门、梵志，数往诣彼，随时问义：'诸尊，何者为善，何者不善？何者为罪，何者非罪？何者为妙，何者不妙？何者为白，何者为黑？白黑从何生？何义现世报，何义后世报？'问已能行。彼受此业，作具足已，身坏命终，必升善处，生于天中。来生人间，有善智慧。所以者何？此道受善智慧，谓男子女人能数数往诣彼问事。摩纳，当知此业有如是报也。

"摩纳，当知作短寿相应业⑩，必得短寿。作长寿相应业，必得长寿。作多疾病相应业，必得多疾病。作少疾病相应业，必得少疾病。作不端正相应业，必得不端正。作端正相应业，必得端正。作无威德相应业，必得无威德。作威德相应业，必得威德。作卑贱族相应业，必得卑贱族。作尊贵族相应业，必得尊贵族。作无财物相应业，必得无财物。作多财物相应业，必得多财物。作恶智慧相应业，必得恶智慧。作善智慧相应业，必得善智慧。摩纳，此是我前所说，众生因自行业，因业得报。缘业、依业、业处，众生随其高下处妙不妙。"

鹦鹉摩纳都提子白曰："世尊，我已解。善逝，我已知。世尊，我今自归于佛、法及比丘众。唯愿世尊，受我为优婆塞。从今日始终身自归，乃至命尽。世尊，从今日入都提家，如入此舍卫地优婆塞家，令都提家长夜得利义，得饶益安隐快乐。"

佛说如是，鹦鹉摩纳都提子及无量众闻佛所说，欢喜奉行。

（选自《中阿含经》卷四十四《根本分别品·鹦鹉经》第九）

注释

①**平旦**：天亮。

②**舍卫**：此可看作是舍卫城。因"舍卫"本是憍萨罗国都城名，为区别于南部另一憍萨罗国，乃以城名代替国名。宋、元、明本作"舍卫城"。

③**金槃**：金盘。

④**呧**：呵斥，诋毁。这里意指狗对人发出怒吠声。

⑤**触娆**：触犯。

⑥**屈伸臂顷**：喻指在极短的时间内。

⑦**增上慢**：自认已得增上之法而起傲慢之心。

⑧**掊**：挖掘。

⑨**华鬘**：花环。印度男女多喜欢将花串起来，戴在头上或挂在身上。

⑩**相应业**：佛教认为，身、口、意三业的善恶，必将能得到相应的报应，造作何业，即得何果报。

译文

我曾经听佛这样说过：

有一次，佛游化于舍卫国，在胜林给孤独园。

那时，世尊一等夜过天亮，就穿上僧衣，拿起钵盂，进舍卫城乞食。乞食之时，他前往鹦鹉摩纳都提子家。当时，鹦鹉摩纳都提子正外出有点事，所以不在。而他家有一条白狗，当时正在大床上的金盘中吃东西。白狗远远看见世尊走来，就大声吠叫。世尊对白狗道："你不应当这样，也就是说像刚才从呧到吠。"

白狗听了以后，非常愤怒，从床上下来，走到一堆木头边，一副忧郁愁恼的样子卧在那里。

后来，鹦鹉摩纳都提子回家了，见白狗反常的样子非常愤怒，从床上下来，走到木堆边，一副忧郁愁恼的样子卧倒在那里，就问家人道："谁触犯了我的狗，使它如此狂怒不已，从床上下来，走到木堆边，一副忧郁愁恼的样子卧倒在那里？"

家人答道："我们都没有触犯白狗，让它狂怒不已，从床上下来，到木堆边，一副忧郁愁恼的样子卧倒在那里。摩纳，您要知道今天沙门瞿昙曾来此乞食，白狗见后，便狂吠赶他。沙门瞿昙就对白狗道：'你不应该这样，从怒呎一直到吠叫不已。'摩纳，白狗因此狂怒不已，从床上下来，到木堆旁边，一副忧郁愁恼的样子卧倒在那里。"

鹦鹉摩纳都提子听说以后，非常生气，就想陷害、诽谤、毁坏世尊。有了想陷害、诽谤、毁坏沙门瞿昙的念头后，他当即就从舍卫城出发，前往胜林给孤独园。

那时，世尊正被无数徒众前后围绕，在为大众说法。世尊远远地看见鹦鹉摩纳都提子前来，就问众比丘道："你们看见鹦鹉摩纳都提子正在前来吗？"

众人答道："见到了呀。"

世尊告诉他们："鹦鹉摩纳都提子如果现在身死命终的话，顷刻必定往生地狱。这是为什么？因为他对我产生了极大的嗔恚之心。如果众生心生嗔恚的话，那么身死命终就一定会去恶处，往生地狱之中。"

这时，鹦鹉摩纳都提子，来到了佛所，向世尊问道："沙门瞿昙，今天曾到我家乞食来着？"

世尊答道："是的，我今天曾去你家乞食。"

"瞿昙，你对我家的白狗说了些什么，致使它狂怒不已，从床上下来，到木堆旁边，一副忧郁愁恼的样子，卧倒在那里？"

世尊答道："我今天天一亮就穿上僧衣，拿起钵盂，到舍卫城中去乞食，后又辗转前往你家乞食。当时你家的白狗远远看见我，就狂吠不停。我对白狗道：'你不要这样，从呧到吠地叫个不停。'所以白狗就狂怒不已，从床上下来，到木堆旁边，一副忧郁愁恼的样子，卧倒在那里。"

鹦鹉摩纳问世尊道："这条白狗前世与我有何关系呢？"

世尊对他道："停！停！摩纳，你千万别这么问我。你听了以后，一定会觉得不可理解。"

但鹦鹉摩纳又再三问世尊："白狗前世与我有何关系？"

世尊也再三地告诉他："停！停！摩纳，你千万别这么问我。你听了以后，会感到不可理解。"

世尊又告诉摩纳："你如此三番四次地向我问个不停。

摩纳，你应当知道那条白狗在前世就是你的父亲啊，他的名字叫都提。"

鹦鹉摩纳听了这话以后，更加生气，大怒不止，就想陷害、诽谤、毁坏世尊。有了这样的念头以后，他就对世尊道："我的父亲都提，一直大行布施，大作斋会，身死命终，已往生梵天。有何因何缘，以致会投生到如此下贱的狗中呢？"

于是世尊告诉他："你的父亲都提，因为有增上慢心，所以投生到下贱的狗中。

> 梵志若有增上慢，命终投生至六处。
> 鸡狗和猪以及豺，五是笨驴六地狱。

"鹦鹉摩纳，你如果不相信我所说的话，你可以回家对白狗道：'如果你前世是我的父亲的话，你应当回到大床上去。'摩纳，白狗一定会回到大床上去。你再对他说：'如果你前世是我的父亲的话，你应当回到金盘中去吃东西。'摩纳，白狗一定会回到金盘中去吃东西。你再对他说：'如果你前世是我的父亲的话，你要指给我藏金银财宝的地方，因为我不知道。'摩纳，白狗一定会指给你他以前埋藏金银财宝的地方，因为你不知道。"

于是鹦鹉摩纳听了佛所说的以后，牢牢地记住了。他右绕世尊三圈以后，回到家中，他对白狗道："如果你前世是我的父亲的话，白狗，你就该回到大床上去。"白狗立即就回到了大床上。

"如果你前世是我的父亲的话，白狗，你就该回到金盘中去吃东西。"白狗马上就回到金盘中去吃东西了。

"如果你前世是我的父亲的话，就该指给我原来你所藏金银财宝的地方，因为我不知道。"白狗即从床上跳下，来到前世他住过的地方，用嘴和脚去挖床的四只脚的下面。于是鹦鹉摩纳就从那儿得到了很多宝物。

他得了宝物以后，高兴极了，以右膝着地，合掌向胜林给孤独园，再三高声赞誉世尊："沙门瞿昙所说的一点儿都不假，沙门瞿昙所说的都是真理，沙门瞿昙所说的句句如实。"如此再三高声赞誉完后，他就从舍卫城出来，前往胜林给孤独园。

当时，世尊正被无数僧众前后围绕着，在为大众说法。世尊远远地看见鹦鹉摩纳前来，就问大家："你们看见鹦鹉摩纳前来了吗？"

众人答道："看见了。"

世尊告诉他们："鹦鹉摩纳如果现在身死命终的话，顷刻之间定往生善处。这是为什么呢？因为他对我怀有一片善心。如果众生拥有善心的话，身死命终后就一定会到善处，往生天中。"

鹦鹉摩纳很快到了佛所，与世尊相互施礼问讯后，退到一边坐下。世尊问他："摩纳，前面我所说的白狗的事，对不对呢？"

鹦鹉摩纳答道："瞿昙，完全像您所说的那样。瞿昙，我还有问题想问，但必须您允许后，我才敢提。"

世尊对他道："你想问什么就问什么。"

"瞿昙，是因为什么，投生为人的众生，却有高有下，有好有劣之差别？这是为什么呢？瞿昙，我见过有的人短命，有的人却长寿；有的人多病，有的人却不太生病；有的人长得五官端正，有的人却丑陋不堪；有的人无威无德，有的人却威德俱全；有的人卑贱，有的人尊贵；有的人贫穷，有的人有钱；有的人蠢笨，有的人聪明。"

世尊答道："那些众生都是因为自己行业，因业而得果报。一切都因所作业，依所行业，众生各随其所行之业而处高下优劣之分。"

鹦鹉摩纳对世尊道："沙门瞿昙所说的太简略了，没有分别细说，我不能理解。希望沙门瞿昙，为我分别细说，使我能得知其义。"

世尊道："摩纳，你认真听着，并好好思考。我会为你全面分别细说。"

鹦鹉摩纳道："遵命，我会认真听，好好思考。"

佛于是道："是因为什么，男子女人的寿命极为短暂呢？如果有男子女人，又凶又狠，杀人饮血，一心害人，无恶不作，心不慈善，无论是对诸众生还是昆虫。他受有此业，并造作充足，身死命终，必到恶处，投生地狱之中。来生即使得生人间的话，也寿命极短。这是为什么？因为此道受短寿，指男子女人又凶又狠，杀人饮血。摩纳，你应当知道，此业有如此之果报啊。摩纳，是因为什么，男子女人的寿命极长呢？如果有男子女人远离杀戮，断绝杀生，丢弃刀杖武器，有惭有愧，心慈意悲，普益一切，乃至昆虫。他受有此业，并造作充足，身死命终，必到善处，生于天中。来生若得生人间，寿命就非常长。这是为什么？因为此道受长寿，指男子女人远离杀戮，断绝杀生。摩纳，你应当知道，此业有如此之果报啊！

"摩纳，是因为什么，男子女人多患疾病呢？如果有男子女人触犯众生，他们有的用手或拳头，有的拿木棍石头，有的执刀杖武器来触犯众生。他受有此业，并造作充足，身死命终，必到恶处，投生地狱之中。来生即使得生人间的话，也多患疾病。这是为什么？因为此道受多疾病，指男子女人触犯众生。摩纳，你应当知道，此业有如此之果报啊。摩纳，是因为什么，男子女人不生疾病？如果有男子女人不触犯众生，不用手或拳头，也不用木棍和石头，也不使用刀杖武器来触犯众生。他受有此业，并造作充足，身死命终，必升善处，生在天中。

来生若得生人间，不生任何疾病。这是为什么？因为此道受不生疾病，指男子女人不犯众生。摩纳，你应该知道，此业有如此之果报啊！

"摩纳，是因为什么，男子女人形貌长得不端丑陋呢？如果有男子女人性急多恼，听到一点儿什么，就非常生气，大发脾气，并憎恨妒嫉，忧愁烦恼，恶怒多生。他受有此业，并造作充足，身死命终，必到恶处，生到地狱之中。来生即使得生人间的话，也长得貌不端、形不正，丑陋无比。这是为什么？因为此道受形不端正，指男子女人性急多恼。摩纳，你应该知道，此业有如此之报啊。摩纳，是因为什么，男子女人貌端形正？如果有男子女人不性急多恼，无论听到什么话，好听的、难听的，都不大怒，不大发脾气，不憎恨妒嫉、忧愁多恼，也不恶怒多生。他受有此业，并造作充足，身死命终，必升善处，生于天中。来生若得生人间，则貌端形正，仪态万方。这是为什么？因为此道受形体端正，指男子女人不性急多恼。摩纳，你应该知道，此业有如此之果报啊！

"摩纳，是因为什么，男子女人无威无德？如果有男子女人心怀嫉妒，看见他人得供养、受尊敬，就非常嫉妒。如果看见别人有好东西，就想据为己有。他受有此业，并造作充足，身死命终，必到恶处，生在地狱之中。

来生即使得生人间的话，也是无威无德。这是为什么？因为此道受无威德，指男子女人心怀嫉妒。摩纳，你应该知道，此业有如此之果报啊。摩纳，是因为什么，男子女人威德俱全呢？如果有男子女人，无嫉妒之心，见他人得供养、受尊敬，却并不嫉妒。如果看到别人有好东西，也不想据为己有。他受有此业，并造作充足，身死命终，必升善处，生于天中。来生若得生人间，具大威大德。这是为什么？此道受有威德，指男子女人心不怀嫉妒。摩纳，你应该知道，此业有如此之果报啊！

　　"摩纳，是因为什么，男子女人出生卑贱？如果有男子女人骄傲自大，目中无人，值得尊敬的人不尊敬，应该重视的不重视，可尊贵的不尊贵，须奉事的不奉事，要供养的不供养，该告知的不告知，应让座的不让座，须合掌施礼问候的不合掌施礼问候。他受有此业，并造作充足，身死命终，必到恶处，生在地狱之中。即使来生得生人间，也生在卑贱之族。这是为什么？因为此道受生卑贱族，指男子女人骄傲自大，目中无人。摩纳，你应该知道，此业有如此之果报啊！摩纳，是因为什么，男子女人出生尊贵？如果有男子女人，不骄傲自大，对可敬之人无比尊敬，该重视的极为重视，可尊贵的非常尊贵，应奉事的小心奉事，该供养的认真供养，须告知的热心告知，该让座的立即让座，须合掌礼拜问候的就虔诚合掌礼拜问候。他受有此业，并造作充足，身死命终，必升善处，生于天中。来生若得生人间，定生在尊贵之族。这是为什么？此道受生尊贵族，指男子女人不骄傲自大。摩纳，你应该知道，此业有如此之果报啊！

"摩纳，是因为什么，男子女人贫穷无有财物？如果有男子女人，不做施主，不行布施，不向沙门、梵志、穷人、孤独者、从远方来的乞者施与饮食、衣被、花环、香料、房舍、床卧之具、明灯、给使等，以使他们受用。他受有此业，并造作充足，身死命终，必到恶处，生在地狱之中。来生即使得生人间，也没有财物，是个穷人。这是为什么？因为此道受无财物，指男子女人不做施主，不行布施。摩纳，你应当知道，此业有如此之果报啊。摩纳，是因为什么，男子女人拥有很多财物？如果有男子女人做施主，行布施，他向沙门、梵志、穷人、孤独者、从远方来的乞者施与饮食、衣被、花环、香料、房舍、床卧之具、明灯、给使等，让他们受用。他受有此业，并造作充足，身死命终，必升善处，生于天中。来生若得生人间，会拥有很多财物。这是为什么？此道受多有财物，指男子女人做施主，行布施。摩纳，你应该知道，此业有如此之果报啊！

"摩纳，是因为什么，男子女人不聪慧，蠢笨无知？如果有男子女人不经常去向他人请教，某处如果出现了大德高僧，也不前去随时请问佛法道义：'诸位尊者，什么是善，什么是不善？什么叫罪，什么叫非罪？什么是妙，什么是不妙？什么叫白，什么叫黑？白与黑是怎么产生的？现世报说的是什么意思，后世报说的是什么意思？'或者即使请教了，也不照着做。他受有此业，并造作充足，身死命终，必到恶处，生在地狱之中。来生即使得生人间，也不聪慧，蠢笨无知。这是为什么？此道受恶智慧，指男子女人不经常向他人请教。摩纳，你应当知道，此业有如此之果报啊！摩纳，是因为什么，男子女人极为聪慧？如果有男子女人，能经常去向他人请教，某处若出现了高僧大德的话，多次前往，随时请问佛法道义：'诸位尊者，什么是善，什么是不善？什么叫罪，什么叫非罪？什么是妙，什么是不妙？什么叫白，什么叫黑？白与黑是怎么产生的？现世报说的是什么意思，后世报说的是什么意思？'请教后并能遵照实行。他受有此业，并造作充足，身死命终，必升善处，生于天中。来生若得生人间，就会具大智慧，非常聪明。这是为什么？因为此道受善智慧，指男子女人能经常向他人请教。摩纳，你应当知道，此业有如此之果报啊！

"摩纳，你应当知道，作短寿相应之业，就一定寿命短。作长寿相应之业，就一定长命百岁。作多疾病相应之业，就一定多病多灾。作少疾病相应之业，就一定无病无痛。作不端正相应之业，就一定貌不端，形不正。作端正相应之业，就一定形貌端正，仪表堂堂。作无威德相应之业，就一定既无威也无德。作威德相应之业，就一定威德俱全。作卑贱族相应之业，就一定生于卑贱之族。作尊贵族相应之业，就一定生于尊贵之族。作无财物相应之业，就一定贫穷没有财物。作多财物相应之业，就一定富有财物。作恶智慧相应之业，就一定蠢笨无智。作善智慧相应之业，就一定聪慧多智。摩纳，这就是我前面所说的，众生都是因自己所行之业，因业而得果报。一切都因所作业，依所行业，众生各随其所行之业而处高下优劣之分。"

鹦鹉摩纳都提子对世尊道："世尊，我已经理解。善逝，我已经知晓。世尊，从现在开始，我自愿皈依于佛、佛法及比丘众。只愿世尊，能接受我为优婆塞。从今天起，我自愿皈依，一直到死。世尊，从今天起如果进都提家的话，希望就像进此舍卫地区的优婆塞家一样，以使都提家日日夜夜永远获得利益，无比安隐快乐。"

佛就是这么说的，鹦鹉摩纳都提子及无数僧众听了佛所说的以后，高高兴兴地遵守奉行。

14 八难经

——若有八难八非时，不见佛亦不闻法

原典

我闻如是：

一时，佛游舍卫国，在胜林给孤独园。

尔时，世尊告诸比丘："人行梵行而有八难、八非时也。云何为八？若时如来、无所着、等正觉、明行成为、善逝、世间解、无上士、道法御、天人师，号佛众祐①，出世说法，趣向止息，趣向灭讫，趣向觉道，为善逝所演。彼人尔时生地狱中，是谓人行梵行第一难、第一非时。

"复次，若时如来、无所着、等正觉、明行成为、善逝、世间解、无上士、道法御、天人师，号佛众祐，出世说法，趣向止息，趣向灭讫，趣向觉道，为善逝所演。彼人尔时生畜生中，生饿鬼中，生长寿天中，生在边国夷狄之中，无信无恩，无有反复，若无比丘、比丘尼、优婆塞、优婆夷，是谓人行梵行第五难、第五非时[②]。

"复次，若时如来、无所着、等正觉、明行成为、善逝、世间解、无上士、道法御、天人师，号佛众祐，出世说法，趣向止息，趣向灭讫，趣向觉道，为善逝所演。彼人尔时虽生中国，而聋痖如羊鸣，常以手语，不能知说善恶之义，是谓人行梵行第六难、第六非时[③]。

"复次，若时如来、无所着、等正觉、明行成为、善逝、世间解、无上士、道法御、天人师，号佛众祐，出世说法，趣向止息，趣向灭讫，趣向觉道，为善逝所演。彼人尔时虽生中国[④]，不聋不痖，不如羊鸣，不以手语，又能知说善恶之义，然有邪见及颠倒见，如是见、如是说：'无施无斋，无有咒说；无善恶业，无善恶业报；无此世彼世；无父无母；世无真人往至善处、善去、善向，此世彼世，自知自觉，自作证成就游。'是谓人行梵行第七难、第七非时[⑤]。

"复次，若时如来、无所着、等正觉、明行成为、善逝、世间解、无上士、道法御、天人师，号佛众祐，不出于世，亦不说法，趣向止息，趣向灭讫，趣向觉道，为善逝所演。彼人尔时生于中国，不聋不痖，不如羊鸣，不以手语，又能知说善恶之义，而有正见不颠倒见，如是见、如是说：'有施有斋，亦有咒说；有善恶业，有善恶业报；有此世彼世；有父有母；世有真人往至善处、善去、善向，此世彼世，自知自觉，自作证成就游。'是谓人行梵行第八难、第八非时⑥。

"人行梵行有一不难、有一是时。云何人行梵行有一不难、有一是时？若时如来、无所着、等正觉、明行成为、善逝、世间解、无上士、道法御、天人师，号佛众祐，出世说法，趣向止息，趣向灭讫，趣向觉道，为善逝所演，彼人尔时生于中国，不聋不痖，不如羊鸣，不以手语，又能知说善恶之义，而有正见不颠倒见，如是见、如是说：'有施有斋，亦有咒说；有善恶业，有善恶业报；有此世彼世；有父有母；世有真人往至善处、善去、善向，此世彼世，自知自觉，自作证成就游。'是谓人行梵行有一不难、有一是时。"

于是，世尊说此颂曰：

若得人身者，说最微妙法；
若有不得果，必不遇其时。
多说梵行难，人在于后世；
若得遇其时，是世中甚难。
欲得复人身，及闻微妙法；
当以精勤学，人自哀愍故。
谈说闻善法，莫令失其时；

若失此时者，必忧堕地狱。

若不遇其时，不闻说善法；

如商人失财，受生死无量。

若有得人身，闻说正善法；

遵奉世尊教，必遭遇其时。

若遭遇此时，堪任正梵行；

成就无上眼⑦，日亲之所说。

彼为常自护，进行离诸使⑧，

断灭一切结⑨，降魔魔眷属⑩，

彼度于世间，谓得尽诸漏。

佛说如是，彼诸比丘闻佛所说，欢喜奉行。

（选自《中阿含经》卷二十九《大品·八难经》第八）

注释

①**如来、无所着……号佛众祐：**即释迦牟尼佛的十大名号。众祐即"佛世尊"，梵文 Bhagavat 的旧译，新译作"世尊"。

②**第五难、第五非时：**这里应作"五难、五非时"。佛教所说"八难"，前五种为：地狱、饿鬼、畜生、长寿天、边地，所以用"第"不妥。"第五难"只指边地，阅读时请注意。又所谓"八难"是指八种不能见佛、不能

听闻佛法的境界。前三种好理解，众生若处于三恶道中，自然不能见佛，不能听闻佛法。长寿天，指众生热衷于追求长寿，不起求道之心。生在边地僻壤，自然也多不便。

③**第六难、第六非时：**指众生盲聋喑哑，即感觉器官有缺陷时。

④**中国：**世界上有些文化优秀之民族，每视其本国为世界之中心，故自称"中国"，对他国则称"边国"。佛教所称之中国，乃指恒河流域中之摩揭陀地方。此地在政治、文化等任何方面皆成为当时印度新兴势力之中心。

⑤**第七难、第七非时：**可归结为"世智辩聪"，即只具有世俗之智，并不能正确理解佛法。

⑥**第八难、第八非时：**可归结为"佛前佛后"，即二佛中间无佛法之时。总之，八难、八非时是指众生与佛、佛法无缘的八种时候。与此相反的即以下所述的"一不难""一是时"。

⑦**无上眼：**无上之法眼。所谓"法眼"，指能分明观达缘生差别，观察究竟诸道之法。

⑧**诸使：**种种烦恼。"使"为烦恼之别称。

⑨**一切结：**结为烦恼的别称，即一切烦恼。

⑩**魔魔眷属：**魔指魔王。魔眷属指魔王率领的魔众。

译文

我曾经听佛这样说过：

有一次，佛游化于舍卫国，住在胜林给孤独园。

当时，世尊告诉诸位比丘："人修习梵行而会有八难、八非时。什么叫八呢？比如某一时间如来、无所着、等正觉、明行足、善逝、世间解、无上士、调御丈夫、天人师，号称佛世尊，出世为世人说法，导引芸芸众生走向寂静，走向涅槃，走向觉悟佛道，为善逝所教示的法。那人当时生在地狱道中，这就叫作人修习梵行的第一难、第一非时。

"其次，某一时间如来、无所着、等正觉、明行足、善逝、世间解、无上士、调御丈夫、天人师，号称佛世尊，出世为世人说法，导引芸芸众生走向寂静，走向涅槃，走向觉悟佛道，为善逝所教示的法。那人当时生在畜生道中，生在饿鬼道中，生在长寿天中，生在边境邻国的少数民族之中，不信佛法，不报恩德，故没有反复相应，就像没有比丘、比丘尼、优婆塞、优婆夷，这就叫作人修习梵行的第五难、第五非时。

"其次，某一时间如来、无所着、等正觉、明行足、善逝、世间解、无上士、调御丈夫、天人师，号称佛世尊，出世为世人说法，导引众生走向寂静，走向涅槃，走向觉悟佛道，为善逝所教示的法。那人当时虽生在中国，但又聋又哑就像羊叫一般，经常只能用手势来说话，不能知晓说解善恶之义理，这就叫作人修习梵行的第六难、第六非时。

"其次，某一时间如来、无所着、等正觉、明行足、善逝、世间解、无上士、调御丈夫、天人师，号称佛世尊，出世为世人说法，导引芸芸众生走向寂静，走向涅槃，走向觉悟佛道，为善逝所教示的法。那人当时虽在中国，也不聋也不哑，不像羊叫一般，也不必用手势来说话，也能知晓会解说善恶之义理，但是他却心有邪见和颠倒之见，有如此见解，就如此解说：'不施舍，不食斋，也没有咒说；认为没有善恶之业，所以也没有善恶业的果报；没有三世之时；也无父无母；并认为世上不会真的有人死后能往生极乐之处，不会只要心向善处就能归往善处，这一世与那一世都能自知自觉，能成就自己证得正果。'这就叫作人修习梵行的第七难、第七非时。

"其次，某一时间如来、无所着、等正觉、明行足、善逝、世间解、无上士、调御丈夫、天人师，号称佛世尊，却不出世，也不为世人说法，导引众生走向寂静，走向涅槃，走向觉悟之道，为善逝所教示的法。那人当时生在中国，不聋也不哑，不会像羊叫一般，也不必用手势来讲话，又能知晓会解说善恶之义，而且有正见、不颠倒之见，有如此见解，就如此解说：'平时布施行斋，也有咒说；认为有善恶之业，也就有善恶之业之果报；人有三世之分；有父有母；世上真的会有人死后往生极乐世界，心向善处就能归往善处，这一世与那一世都能自知自觉，能成就自己证得正果，游行教化。'这就叫作人修习梵行的第八难、第八非时。

"人修习梵行有一不难、有一是时。什么叫作人修习梵行有一不难、有一是时呢？某一时间如来、无所着、等正觉、明行足、善逝、世间解、无上士、调御丈夫、天人师，号称佛世尊，出世为世人说法，导引芸芸众生走向寂静，走向涅槃，走向觉悟之道，为善逝所教示的法。那人当时生在中国，既不聋也不哑，不像羊叫一般，不必用手势来说话，又能知晓会说解善恶之义理，而且具有正见和不颠倒之见，有如此见解，就如此解说：'平时布施行斋，也有咒说；认为有善恶之业，也就有善恶业之果报；有三世之时；有父有母；世上真的会有人死后往生极乐之处，心能向善则能归往善处，这一世与那一世都能自知自觉，能成就自己证得正果，成功游化。'这就叫作人修习梵行有一不难、有一是时。"

于是，世尊就宣说如此偈颂道：

　　若能得获人身者，讲说最微最妙法；

如果不能得正果，必定尚未逢其时。

多道修习梵行难，人在此生之后世；

或许能够逢其时，此生此世实在难。

若想再次获人身，并且聆听微妙法；

应当努力精进学，人们多自哀愍故。

谈说听闻善妙法，莫要错过好时机；

如果失去此时机，必忧堕入地狱道。

如果不遇此时机，不能聆听此善法；

犹如商人失其财，生死无量轮回转。

如果再次获人身，听佛讲说正善法；

遵守奉行佛教诲，一定得遇其良时。

如果得遇此良时，就能接受正梵行；

就能成就无上眼，每日亲自作讲说。

彼人常常自护持，修行得离诸烦恼，

如此断灭一切结，降伏魔王及魔众，

彼人度于此世间，即谓得尽诸烦恼。

佛就是这样说的，诸位比丘听了佛所说的以后，高高兴兴地遵守奉行。

15　雨势经

——七不衰法雨势问，七不衰法比丘行

原典

我闻如是：

一时，佛游王舍城，在鹫岩山①中。

尔时，摩揭陀②王未生怨鞞陀提子，与跋耆③相憎，常在眷属数作是说："跋耆国人有大如意足，有大威德，有大福祐，有大威神，我当断灭跋耆人种，破坏跋耆，令跋耆人遭无量厄。"

于是，摩揭陀王未生怨鞞陀提子，闻世尊游王舍城，在鹫岩山中，便告大臣雨势曰："我闻沙门瞿昙游王舍城，在鹫岩山中。雨势，汝往至沙门瞿昙所，汝持我名问讯：圣体安快无病，气力如常耶？当作是语：'瞿昙，摩揭陀王未生怨鞞陀提子问讯，圣体安快无病，气力如常耶？

瞿昙，摩揭陀王未生怨鞞陀提子与跋耆相憎，常在眷属数作是说：跋耆国人有大如意足，有大威德，有大福祐，有大威神，我当断灭跋耆人种，破坏跋耆，令跋耆人遭无量厄。沙门瞿昙，当何所说？'雨势，若沙门瞿昙有所说者，汝善受持。所以者何，如是之人终不妄说。"

大臣雨势受王教已，乘最好乘，与五百乘俱出王舍城，即便往诣鹫岩山中，登鹫岩山，下车步进，往诣佛所。便与世尊共相问讯，却坐一面，白曰："瞿昙，摩揭陀王未生怨鞞陀提子问讯，圣体安快无病，气力如常耶？瞿昙，摩揭陀王未生怨鞞陀提子，与跋耆相憎，常在眷属数作是说：'跋耆国人有大如意足，有大威德，有大福祐，有大威神，我当断灭跋耆人种，破坏跋耆，令跋耆人遭无量厄。'沙门瞿昙当何所说？"

世尊闻已告曰："雨势，我昔曾游于跋耆国，彼国有寺名遮惒逻。雨势，尔时我为跋耆国人说七不衰法，跋耆国人则能受行七不衰法。雨势，若跋耆国人行七不衰法而不犯者，跋耆必胜则为不衰。"

大臣雨势白世尊曰："沙门瞿昙略说此事，不广分别，我等不能得解此义。愿沙门瞿昙，广分别说，当令我等得知此义。"

世尊告曰："雨势，谛听善思念之，我当为汝广说此义。"大臣雨势受教而听。

是时，尊者阿难执拂侍佛，世尊回顾问曰："阿难，颇闻跋耆数数集会，多聚集耶？"

尊者阿难白曰："世尊，我闻跋耆数数集会，多聚集也。"

世尊即告大臣雨势："若彼跋耆数数集会，多聚集者，跋耆必胜，则为不衰。"

世尊复问尊者阿难："颇闻跋耆共俱集会，俱作跋耆事，共俱起耶？"

尊者阿难白曰："世尊，我闻跋耆共俱集会，俱作跋耆事，共俱起也。"

世尊复告大臣雨势："若彼跋耆共俱集会，俱作跋耆事，共俱起者，跋耆必胜，则为不衰。"

世尊复问尊者阿难："颇闻跋耆未施设者不更施设，本所施设而不改易，旧跋耆法善奉行耶？"

尊者阿难白曰："世尊，我闻跋耆未施设者不更施设，本所施设而不改易，旧跋耆法善奉行也。"

世尊复告大臣雨势："若彼跋耆未施设者不更施设，本所施设而不改易，旧跋耆法善奉行者，跋耆必胜，则为不衰。"

世尊复问尊者阿难："颇闻跋耆不以力势而犯他妇、他童女耶？"

尊者阿难白曰："世尊，我闻跋耆不以力势而犯他妇、他童女也。"

世尊复告大臣雨势："若彼跋耆不以力势而犯他妇、他童女者，跋耆必胜，则为不衰。"

世尊复问尊者阿难："颇闻跋耆有名德尊重者，跋耆悉共宗敬、恭奉、供养，于彼闻教则受耶？"

尊者阿难白曰："世尊，我闻跋耆有名德尊重者，跋耆悉共宗敬、恭奉、供养，于彼闻教则受。"

世尊复告大臣雨势："若彼跋耆有名德尊重者，跋耆悉共宗敬、恭奉、供养，于彼闻教则受者，跋耆必胜，则为不衰。"

世尊复问尊者阿难："颇闻跋耆所有旧寺，跋耆悉共修饰、遵奉、供养、礼事，本之所施常作不废，本之所为不减损耶？"

尊者阿难白曰："世尊，我闻跋耆所有旧寺，跋耆悉共修饰、遵奉、供养、礼事，本之所施常作不废，本之所为不减损也。"

世尊复告大臣雨势："若彼跋耆所有旧寺，跋耆悉共修饰、遵奉、供养、礼事，本之所施常作不废，本之所为不减损者，跋耆必胜，则为不衰。"

世尊复问尊者阿难："颇闻跋耆悉共拥护诸阿罗诃④，极大爱敬，常愿未来阿罗诃者而欲令来，既已来者乐恒久住，常使不乏衣被、饮食、床榻、汤药，诸生活具耶？"

尊者阿难白曰："世尊，我闻跋耆悉共拥护诸阿罗诃，极大爱敬，常愿未来阿罗诃者而欲令来，既已来者乐恒久住，常使不乏衣被、饮食、床榻、汤药，诸生活具。"

世尊复告大臣雨势："若彼跋耆悉共拥护诸阿罗诃，极大爱敬，常愿未来阿罗诃者而欲令来，既已来者乐恒久住，常使不乏衣被、饮食、床榻、汤药，诸生活具者，跋耆必胜，则为不衰。雨势，跋耆行此七不衰法，诸受持此七不衰法者，跋耆必胜，则为不衰。"

于是，大臣雨势即从坐起，偏袒着衣，叉手向佛，白曰："瞿昙，设彼跋耆成就一不衰法者，摩揭陀王未生怨鞞陀提子不能伏彼，况复具七不衰法耶？瞿昙，我国事多，请退还归。"

世尊报曰："欲去随意。"于是，大臣雨势，闻佛所说，则善受持，起绕世尊三匝而去。

大臣雨势去后不久，于是，世尊回顾告曰："阿难，若有比丘依鹫岩山处处住者，宣令一切尽集讲堂，一切集已，便来白我。"

尊者阿难即受佛教："唯然，世尊。"是时，尊者阿难便行宣令：若有比丘依鹫岩山处处住者，今令一切尽集讲堂。一切集已，还诣佛所，稽首作礼，却住一面，白曰："世尊，我已宣令，若有比丘依鹫岩山处处住者，悉令一切尽集讲堂。今皆已集，唯愿世尊，自知其时。"

于是，世尊将尊者阿难往诣讲堂，于比丘众前敷座而坐，告诸比丘："今为汝说七不衰法，汝等谛听，善思念之。"

时，诸比丘白曰："唯然。"

佛言："云何为七？若比丘数数集会，多聚集者，比丘必胜，则法不衰。若比丘共齐集会，俱作众事，共俱起者，比丘必胜，则法不衰。若比丘未施设事不更施设，本所施设而不改易，我所说戒善奉行者，比丘必胜，则法不衰。若比丘此未来有爱喜欲共俱，爱乐彼彼有起不随者，比丘必胜，则法不衰。若比丘有长老上尊俱学梵行，比丘悉共宗敬、恭奉、供养，于彼闻教则受者，比丘必胜，则法不衰。若比丘有无事处山林高岩，闲居静处，寂无音声，远离，无恶，无有人民，随顺宴坐，乐住不离者，比丘必胜，则法不衰。若比丘悉共拥护诸梵行者，至重爱敬，常愿未来诸梵行者⑤而欲令来，既已来者乐恒久住，常使不乏衣被、饮食、床榻、汤药，诸生活具者，比丘必胜，则法不衰。若比丘行此七不衰法，受持不犯者，比丘必胜，则法不衰。"

于是，世尊复告诸比丘曰："我为汝等更说七不衰法，汝等谛听，善思念之。"

时，诸比丘白曰："唯然。"

佛言："云何为七？若比丘尊师恭敬、极重供养、奉事者，比丘必胜，则法不衰。若比丘、法众⑥、戒、不放逸、供给、定、恭敬、极重供养、奉事者，比丘必胜，则法不衰。若比丘行此七不衰法，受持不犯者，比丘必胜，则法不衰。"

世尊复告诸比丘曰："我为汝等更说七不衰法，汝等谛听，善思念之。"

时，诸比丘白曰："唯然。"

佛言："云何为七？若比丘不行于业，不乐于业，不习业者，比丘必胜，则法不衰。不行哗说⑦，不乐哗说，不习哗说者；不行聚会，不乐聚会，不习聚会者；不行杂合，不乐杂合，不习杂合者；不行睡眠⑧，不乐睡眠，不习睡眠者；不为利，不为誉，不为他人行梵行者；不为暂尔，不为德胜，于其中间舍方便令德胜者，比丘必胜，则法不衰。若比丘行此七不衰法，受持不犯者，比丘必胜，则法不衰。"

世尊复告诸比丘曰："我为汝等更说七不衰法，汝等谛听，善思念之。"

时，诸比丘白曰："唯然。"

佛言："云何为七？若比丘成就信财、戒财、惭财、愧财、博闻财、施财，成就慧财⑨者，比丘必胜，则法不衰。若比丘行此七不衰法，受持不犯者，比丘必胜，则法不衰。"

世尊复告诸比丘曰："我为汝等更说七不衰法，汝等谛听，善思念之。"

时，诸比丘白曰："唯然。"

佛言："云何为七？若比丘成就信力、精进力、惭力、愧力、念力、定力，成就慧力⑩者，比丘必胜，则法不衰。若比丘行此七不衰法，受持不犯者，比丘必胜，则法不衰。"

世尊复告诸比丘曰："我为汝等更说七不衰法，汝等谛听，善思念之。"

时，诸比丘白曰："唯然。"

佛言："云何为七？若比丘修念觉支⑪，依舍离，依无欲，依灭尽，趣向出要，择法、精进、喜、息、定。修舍觉支⑫，依舍离，依无欲，依灭尽，趣向出要者，比丘必胜，则法不衰。若比丘行此七不衰法，受持不犯者，比丘必胜，则法不衰。"

世尊复告诸比丘曰："我为汝等更说七不衰法，汝等谛听，善思念之。"

时，诸比丘白曰："唯然。"

佛言："云何为七？若比丘应与面前律与面前律，应与忆律与忆律，应与不痴律与不痴律，应与自发露与自发露，应与居与居，应与辗转与辗转，众中起诤，当以如弃粪扫⑬止诤法止之者，比丘必胜，则法不衰。若比丘行此七不衰法，受持不犯者，比丘必胜，则法不衰。"

世尊复告诸比丘曰："今为汝等说六慰劳法⑭，汝等谛听，善思念之。"

时，诸比丘白曰："唯然。"

佛言："云何为六？以慈身业向诸梵行，是慰劳法。爱法乐法，令爱令重，令奉令敬，令修令摄，得沙门，得一心，得精进，得涅槃，如是慈口业、慈意业，若有法利如法得利，自所饭食至在钵中。如是利分，布施诸梵行，是慰劳法。爱法乐法，令爱令重，令奉令敬，令修令摄，得沙门，得一心，得精进，得涅槃。若有戒不缺不穿无秽无黑，如地不随他，圣所称誉，具善受持。如是戒分，布施诸梵行，是慰劳法。爱法乐法，令爱令重，令奉令敬，令修令摄，得沙门，得一心，得精进，得涅槃。若有见是圣出要，明了深达，能正尽苦。如是见分，布施诸梵行，是慰劳法。爱法乐法，令爱令重，令奉令敬，令修令摄，得沙门，得一心，得精进，得涅槃。我向所言六慰劳法者，因此故说。"

佛说如是，彼诸比丘闻佛所说，欢喜奉行。

（选自《中阿含经》卷三十五《梵志品·雨势经》第一）

注释

①鹫岩山：即"灵鹫山"，佛教名山。在王舍城南。

山势拔地而起，峰如鹫鸟之首，故称。佛尝居此说法。
该山又称"耆阇崛山"，也曾是佛教史上第一次结集处。

②**摩揭陀**：国名，梵文 Magadha 的音译，位于中印度。

③**跋耆**：国名。

④**阿罗诃**：即阿罗汉。

⑤**梵行者**：即上文所提到的"阿罗汉"。

⑥**法众**：法，指佛法；众，指比丘众。

⑦**哗说**：多舌喧哗。

⑧**睡眠**：指心处于昏迷而不由自主的状态。

⑨**信财、戒财、惭财、愧财、博闻财、施财，成就慧
财**：即所谓"七圣财"，指七种见道以后的圣者。成就此
七种，可得以资用成佛，故称。

⑩**信力、精进力、惭力、愧力、念力、定力，成就
慧力**：是谓"七力"。佛经多说"五力"，即信力、精进
力、念力、定力、慧力。三十七道品之一，指信、精进、
念、定、慧之五根增长以后，具有对治五障之势力。

⑪**念觉支**："七觉支"之一，忆念佛法，不忘佛法。

⑫**舍觉支**："七觉支"之一，舍弃一切分别，用平等
的观点待物，心无偏颇。

⑬**应与面前律……以如弃粪扫**：又作七灭诤法、七
止诤法，即为裁断僧尼之诤论所设之七种法。

⑭**六慰劳法**：此篇主要讲"七不衰法"。此段讲"六

慰劳法",读者可据文意体会。

译文

我曾听佛这样说过:

有一次,佛游化于王舍城,在鹫岩山中。

当时,摩揭陀王未生怨鞞陀提子正与跋耆国人相互憎恨,他多次对文武百官这样说道:"跋耆国的人具有大如意足,拥有大威德,享有大福祐,并有大威神,我要使跋耆国人绝子绝孙,我要破坏跋耆国,使他们的人民遭受无穷的厄难。"

当他听说世尊正游化于王舍城,在鹫岩山中,于是就告诉大臣雨势:"我听说沙门瞿昙正游化于王舍城,在鹫岩山中。雨势,你到他那儿去一趟。你就以我的名义向他请安问候,问他圣体是否无恙康健,气力是否如常不衰?你应该这么说:'瞿昙,摩揭陀王未生怨鞞陀提子向您问讯致意:您圣体是否无恙康健,气力是否如常不衰?瞿昙,摩揭陀王未生怨鞞陀提子与跋耆国人相互憎恨,他多次对文武百官这么说道:那跋耆国的人具有大如意足,拥有大威德,享有大福祐,持有大威神,我要使跋耆国人绝子绝孙,我要破坏跋耆国,使他们的人民遭受无穷的厄难。沙门瞿昙,你听了这些以后会说点什么?'如果沙门有说什么的话,你应该好好听着并牢牢记住。为什么？因为像这样的人自始至终是不会妄言的。"

大臣雨势领受了国王的旨令以后，坐了一辆最好的车，率领五百辆车马一起出了王舍城，立刻就前往鹫岩山中。他们登上鹫岩山，然后下车步行，前往佛所。到后，雨势与世尊相互施礼问候过后，就退坐到一边，对世尊道："瞿昙，我王未生怨鞞陀提子向您问讯致意，问您圣体是否无病康健，气力是否如常不衰？瞿昙，我王未生怨鞞陀提子与跋耆国人有仇，他常对文武百官这么说道：'跋耆国人具有大如意足，拥有大威德，享有大福祐，持有大威神，我要使跋耆国人断子绝孙，我要破坏跋耆国，使他们的人民遭受无穷的厄难。'沙门瞿昙，您的看法如何？"

世尊听后说道："雨势，以前我曾经游化于跋耆国，跋耆国有座寺庙名叫遮和罗。雨势，那时我为跋耆国人讲说七不衰法，而跋耆国的人民则能领受行持七不衰法。雨势，如果跋耆国人能行七不衰法且不违犯的话，跋耆国就必胜而不衰。"

大臣雨势对世尊道："沙门瞿昙只简略地讲说了此事，没有详细地分别阐述，我们不能明了此义。但愿沙门瞿昙能为我们分别详细地阐述，能使我们明了此义。"

世尊对他道："雨势，好好听，好好想，我会为你详细地讲说此义。"大臣雨势遵照佛的教诲，开始认真听。

这时，阿难尊者手执拂子在一旁随侍。世尊回过头问道："阿难，你是不是听说过跋耆国人多次集会经常聚集？"

阿难答道："世尊，我是听说跋耆国人多次集会多次聚集啊！"

世尊就告诉大臣雨势："如果那个跋耆国的人多次集会经常聚集的话，跋耆就必胜而不衰。"

世尊接着又问阿难尊者："你听说过跋耆国人共同聚集，一起做跋耆国的事情，一块儿行动吗？"

阿难尊者道："世尊，我听说过跋耆国人一起集会，共同做跋耆国的事情，一块儿行动。"

世尊又告诉大臣雨势："如果那个跋耆的人民集会在一起，共同做跋耆国的事情，一块儿行动的话，那跋耆国就必胜而不衰。"

世尊又问阿难尊者："你听说过跋耆国人没有施行设立的就不再施行设立，本来施行设立的则不改变，非常认真地遵守奉行跋耆国的旧法吗？"

阿难尊者答道："世尊，我听说过跋耆国人没有施行设立的就不再施行设立，本来施行设立的则不改变，非常认真地遵守着跋耆国的旧法。"

世尊于是又告诉大臣雨势："如果那跋耆国的人没有施行设立的就不再施行设立，本来施行设立的则不改变，非常认真地遵守奉行着跋耆国的旧法的话，那跋耆国就必胜而不衰。"

世尊又问阿难尊者："你听说过跋耆国不依仗自己的势力而侵犯其他的妇女儿童吗？"

阿难尊者答道："世尊，我听说过跋耆国人不依仗自己势强力壮，从而欺凌其他的妇女儿童。"

世尊又告诉大臣雨势道："如果那跋耆国的人不依仗自己势强力壮，从而欺负其他妇女儿童的话，那跋耆国就必胜而不衰。"

世尊又问阿难尊者："你听说过跋耆国如果有德高名望者的话，跋耆国的人都会一起崇敬、恭奉、供养，对于他所说的教诲都能领受吗？"

阿难尊者答道："世尊，我听说过跋耆国如果出了德高名望者的话，全跋耆国的人都会崇敬、恭奉、供养，对于他所说的教诲，都会认真接受。"

世尊又告诉大臣雨势道："如果那个跋耆国出现了德高名望者，而全跋耆国的人民都能崇敬、恭奉、供养，对于他所说的教诲，听后都能认真领受的话，那么跋耆国就必胜而不衰。"

世尊又问阿难尊者："你听说过跋耆国人对所有的旧寺庙都进行修饰、遵奉、供养、礼事，本来所施舍的，一直施舍不停，本来所供奉的从不减少吗？"

阿难尊者答道："世尊，我听说跋耆国人对所有旧的寺庙都进行修饰、遵奉、供养、礼事，本来所施舍的，一直施舍不停，本来所供奉的从不减少。"

世尊又告诉大臣雨势："如果那跋耆国的人民对所有旧的寺庙都进行修饰、遵奉、供养、礼事，本来所施舍的，一直施舍不停，本来所供奉的从不减少的话，那跋耆国就必胜而不衰。"

世尊又问阿难尊者："你听说过跋耆国的人全都拥护众位阿罗汉，极为尊敬爱戴，一直盼望着尚未修成罗汉的修行者能早日证得果位，已是阿罗汉的圣者能永远久住，一直供养着众位罗汉，使他们永远不缺乏衣被、饮食、床榻、汤药等生活用具吗？"

阿难尊者答道："世尊，我听说跋耆国的人全都拥护众位阿罗汉，极为尊敬爱戴，一直盼望着尚未修成阿罗汉的修行者能早日证得果位，已为阿罗汉的圣者能永远久住，他们一直供养着众位罗汉，使他们永远不缺乏衣被、饮食、床榻、汤药等生活用具。"

世尊又告诉大臣雨势："如果那跋耆国的人民全都拥护众位阿罗汉，极为尊敬爱戴，一直盼望着尚未修成阿罗汉的修行者能早日证得果位，已是阿罗汉的圣者能永远久住，他们一直供养着众位罗汉，使罗汉们永远不缺乏衣被、饮食、床榻、汤药等生活用具的话，那跋耆国就必胜而不衰。雨势，跋耆国的人如果能行持此七不衰法，并都能受持此七不衰法，那跋耆国就必胜而不衰。"

于是，大臣雨势即从座位上起来，偏袒着僧衣，合掌向佛道："瞿昙，即使跋耆国人只成就一不衰法，摩揭陀王未生怨鞞陀提子都不能降伏他们，更何况他们具有七不衰法呢？瞿昙，我国国内还有很多事，请允许我告退回去。"

世尊道："你可随意而去。"于是，大臣雨势听了佛所说的，就认真领受并记住了。他立起身来，绕世尊走了三圈然后离去。

大臣雨势走后不久，于是世尊就回头对阿难道："阿难，如果有挨着鹫岩山的各处住的比丘，宣令他们都到讲堂上集中，集合完后就来告诉我。"

阿难当即接受了世尊的旨令："我一定照办，世尊。"当时，尊者阿难就发布佛的旨令：如果有挨着鹫岩山的四周住的比丘，请到讲堂集中。众位比丘集合完后，阿难就来到佛所，叩首行礼，然后退到一边向世尊禀告道："世尊，我已宣布了您的旨令，如果有挨着鹫岩山的四周住的比丘，全都到讲堂上来集合。现在都已集合完毕，唯愿世尊，自己掌握时间。"

于是，世尊就带着阿难尊者前往讲堂，在众比丘前敷好座位而坐下，对众位比丘说道："现在我为你们讲说七不衰法，你们要好好听，认真思考。"

当时，众位比丘道："好。"

佛于是说道："是哪七不衰法呢？如果比丘多次聚会，经常聚集的话，比丘就必胜而法不衰。如果比丘聚集在一起，一块儿做事，共同行动的话，比丘就必胜而法不衰。如果有比丘没有施行设立的事不再创新，本来施行设立的却不改变，对我所说的戒律认真奉持的话，那比丘就必胜而法不衰。如果有人对未来有爱欲之心，并想与比丘同欢共娱，但比丘却并不随其意而起爱欲之心，那比丘就必胜而法不衰。如果比丘见有大德高僧都修习清净之行，于是比丘全都崇敬、恭奉、供养，聆听其教诲并领受牢记的话，那比丘就必胜而法不衰。如果比丘无事之时住在山林高岩，闲居静处，四周静寂无声，远离人群，不做坏事，随顺静坐，并乐此不离开的话，那比丘就必胜而法不衰。如果比丘全都能拥护众位修清净之行的圣者，极为爱戴尊敬，常盼着没来的圣者能来，已来的圣者能久在不离，一直恭敬供养，使诸圣者不缺乏衣被、饮食、床榻、汤药等生活用具的话，那比丘就必胜而法不衰。如果比丘能行持此七不衰法并受持不违犯的话，比丘就必胜而法不衰。"

于是，世尊又对众位比丘道："我为你们再讲新的七不衰法，你们好好听着，认真思考。"

当时，众位比丘道："好。"

佛于是讲道："什么是七不衰法呢？如果比丘能尊敬师长，毕恭毕敬，供养奉事的话，那比丘就必胜而法不衰。如果比丘众能奉行佛法，持戒、不放逸，一心禅定，毕恭毕敬，供养奉事的话，那比丘就必胜而法不衰。如果比丘能行持此七不衰法，受持而不违犯的话，那比丘就必胜而法不衰。"

世尊又告诉众位比丘："我为你们再说新的七不衰法，你们要好好听，认真思考。"

当时，众位比丘道："是。"

佛于是道："什么是七不衰法呢？如果比丘不造作恶业，不欢喜于恶业，不染习于恶业的话，那比丘就必胜而法不衰。如果比丘不哗然喧闹，也不喜欢喧哗多嘴，更不学着喧哗多嘴的话；如果不举行聚会，也不喜欢聚会，也不学着要去聚会的话；如果不混杂于众人，也不喜欢与众人相混，也不想学着要这么做的话；如果比丘不整天昏昏欲睡，也不喜欢昏昏欲睡，也不想学着昏昏欲睡的话；如果比丘不是为了获得利益，不是为了自己的名誉，不是为了他人而修习梵行的话；如果比丘并非只是一时兴起，不因为自我品德而得胜，而是在此中间使用种种方法而使道德得胜的话，那比丘就必胜而法不衰。如果比丘行持此七不衰法，受持而不违犯的话，那比丘就必胜而法不衰。"

世尊接着又对比丘说道："我为你们重说七不衰法，你们仔细听，认真思考。"

当时，众位比丘答道："是。"

佛于是说道："是哪七不衰法呢？如果比丘能获得信财、戒财、惭财、愧财、博闻财、施财、慧财的话，那比丘就必胜而法不衰。如果比丘能行持此七不衰法，并受持而不违犯的话，那比丘就必胜而法不衰。"

世尊接着又对众位比丘道："我为你们再重新讲说七不衰法，你们要仔细听，认真思考。"

当时，众位比丘答道："是。"

佛于是说道："是哪七不衰法呢？如果比丘能获得信力、精进力、惭力、愧力、念力、定力、慧力的话，那比丘就必胜而法不衰。如果比丘能行持此七不衰法，并能受持而不违犯的话，那比丘就必胜而法不衰。"

世尊接着又对众位比丘说道："我再重新为你们说七不衰法，你们要仔细听，认真思考。"

当时，众位比丘答道："是。"

佛于是说道："是哪七不衰法呢？如果比丘修习念觉支，凭依内心平等而不执着，凭依无欲无念，凭依涅槃寂静，希望度脱苦海，选择佛法、精进修习、心得善法而喜、身心轻安禅定；如果比丘修习舍觉支，依凭内心平等而又不执着，依凭无欲无念，依凭涅槃寂静，希望度脱苦海的话，那比丘就必胜而法不衰。如果比丘能行持此七不衰法，并能受持而不违犯的话，那比丘就必胜而法不衰。"

世尊又对众位比丘说道："我为你们再重新讲说七不衰法，你们要仔细听，认真思考。"

当时，众位比丘答道："是。"

佛于是说道："是哪七不衰法呢？如果比丘要面前律就给以面前律，要忆律就给以忆律，要不痴律就给以不痴律，要自发露就给以自发露，要居处就给以居处，要辗转就让其辗转，比丘众中如有吵架争斗，应该用如弃粪扫止净法制止他们的话，那比丘就必胜而法不衰。如果比丘能行持此七不衰法，并能受持而不违犯的话，那比丘就必胜而法不衰。"

世尊接着又对众位比丘道："现在我为你们说六慰劳法，你们仔细听着，认真思考。"

当时，众位比丘答道："是。"

于是佛说道："是哪六慰劳法呢？因身业慈善而心向往各种清净之行，这是慰劳法。爱护佛法，喜欢诸法，能使人爱护佛法，重视佛法，奉持佛法，尊敬佛法，修习佛法，摄持佛法，得以成为沙门，得能一心清净，得以精进修行，得能涅槃寂灭，像这样口业慈善、意业慈善，如果有法利的话就能如法而得利益，自己所吃的饭食在钵盂之中。像这样利益广布，施舍于诸位修梵行者，这是慰劳法。爱护佛法，喜欢佛法，也能使人爱护佛法，重视佛法，奉持佛法，尊敬佛法，修习佛法，摄持佛法，得以成为沙门，得以一心清净，得以精进修行，得以涅槃寂灭。如果有戒律的话，也不缺乏，不毁坏，无有污秽黑迹，犹如大地不动不随他转，圣者所称誉的，全都领受行持。像这样戒律广布，施舍于众位修习梵行者，这是慰劳法。爱护佛法，喜欢佛法，能使人爱护佛法，重视佛法，奉持佛法，尊敬佛法，修习佛法，摄持佛法，得以成为沙门，得以一心清净，得以精进修行，得以涅槃寂灭。如果有此见，就是脱离苦海而成圣者，明了佛法，深达真理，能全部脱尽苦恼。像这样的见解分布，施舍于众位修习梵行者，就是慰劳之法。爱护佛法，喜欢佛法，能使人爱护佛法，重视佛法，奉持佛法，尊敬佛法，修习佛法，摄持佛法，得以成为沙门，得以一心清净，得以精进修行，得以涅槃寂灭。我以前说要讲说六慰劳法的，因此我如此讲说。"

　　佛就是这么说的，众位比丘听完佛所说法以后，高高兴兴遵守奉行。

16 郁伽长者经

——自尽形寿从世尊，得获八未曾有法

原典

我闻如是：

一时，佛游鞞舍离[①]，住大林中。

尔时，郁伽长者，唯妇女侍从。在诸女前，从鞞舍离出于鞞舍离大林中间，唯作女妓，娱乐如王。于是郁伽长者饮酒大醉，舍诸妇女至大林中。郁伽长者饮酒大醉，遥见世尊在林树间，端正姝好，犹星中月，光耀晔晔[②]，晃若金山，相好具足，威神巍巍，诸根寂定，无有蔽碍，成就调御，息心静默。彼见佛已，即时醉醒。郁伽长者醉既醒已，便往诣佛，稽首礼足，却坐一面。

尔时，世尊为彼说法，劝发渴仰，成就欢喜。无量方便为彼说法，劝发渴仰，成就欢喜已，如诸佛法先说端正法③，闻者欢悦。谓说施、说戒、说生天法，毁呰欲为灾患，生死为秽，称叹无欲为妙道品白净。世尊为彼说如是法已，佛知彼有欢喜心、具足心、柔软心、堪耐心、升上心、一向心、无疑心、无盖心④，有能有力堪受正法，谓如诸佛说正法要。世尊即为彼说苦、习、灭、道⑤。彼时郁伽长者即于坐中，见四圣谛苦、习、灭、道。犹如白素易染为色，郁伽长者亦复如是，即于坐中见四圣谛苦、习、灭、道。

于是，郁伽长者已见法得法，觉白净法，断疑度惑，更无余尊，不复从他，无有犹豫，已住果证，于世尊法得无所畏，即从坐起，为佛作礼，白曰："世尊，我今自归于佛、法及比丘众，唯愿世尊，受我为优婆塞。从今日始，终身自归，乃至命尽。世尊，我从今日，从世尊自尽形寿⑥，梵行为首，受持五戒。"

郁伽长者从世尊自尽形寿，梵行为首，受持五戒已，稽首佛足，绕三匝而去。还归其家，即集诸妇人。集已语曰："汝等知不？我从世尊自尽形寿，梵行为首，受持五戒。汝等欲得住于此者，便可住此，行施作福。若不欲住者，各自还归。若汝欲得嫁者，我当嫁汝。"

于是，最大夫人白郁伽长者："若尊从佛自尽形寿，梵行为首，受持五戒者，便可以我与彼某甲⑦。"

郁伽长者即为呼彼人，以左手执大夫人臂，右手执金澡罐⑧，语彼人曰："我今以大夫人与汝作妇。"

彼人闻已便大恐怖，身毛皆竖，白郁伽长者："长者欲杀我耶？欲杀我耶？"

长者答曰："不杀汝。然我从佛自尽形寿，梵行为首，受持五戒。是故我以最大夫人，与汝作妇耳。"郁伽长者已与大夫人，当与、与时都无悔心。

是时，世尊无量百千大众围绕，于中咨嗟称叹郁伽长者："郁伽长者有八未曾有法⑨。"

于是，有一比丘过夜平旦⑩，着衣持钵，往诣郁伽长者家。郁伽长者遥见比丘来，即从坐起，偏袒着衣，叉手向比丘白曰："尊者善来，尊者久不来此，愿坐此床。"彼时比丘即坐其床。郁伽长者礼比丘足，却坐一面。

比丘告曰："长者，汝有善利，有大功德。所以者何？谓世尊为汝，无量百千大众围绕，于中咨嗟称叹：'郁伽长者，有八未曾有法。'长者，汝有何法？"

郁伽长者答比丘曰："尊者，世尊初不说异，然我不知世尊为何因说，但尊者听，谓我有法。一时，世尊游鞞舍离，住大林中。尊者，我于尔时唯妇女侍从，我最在前出鞞舍离。于鞞舍离大林中间，唯作女妓娱乐如王。尊者，我于尔时饮酒大醉，舍诸妇女，至大林中。尊者，我时大醉，遥见世尊在林树间，端正姝好，犹星中月，光耀晖晔，晃若金山，相好具足，威神巍巍，诸根寂定，无有蔽碍，成就调御，息心静默。我见佛已，即时醉醒。尊者，我有是法。"

比丘叹曰："长者若有是法，甚奇甚特。"

"尊者，我不但有是法。复次，尊者，我醉醒已，便往诣佛。稽首礼足，却坐一面。世尊为我说法，劝发渴仰，成就欢喜。无量方便为我说法，劝发渴仰，成就欢喜已，如诸佛法先说端正法，闻者欢悦。谓说施、说戒、说生天法，毁呰欲为灾患，生死为秽，称叹无欲为妙，道品白净。世尊为我说如是法已，佛知我有欢喜心、具足心、柔软心、堪耐心、升上心、一向心、无疑心、无盖心，有能有力堪受正法，谓如诸佛说正法要。世尊即为我说苦、习、灭、道，我尔时即于坐中见四圣谛苦、习、灭、道，犹如白素易染为色。尊者，我亦如是，即于坐中见四圣谛苦、习、灭、道。尊者，我有是法。"

比丘叹曰："长者，若有是法，甚奇甚特。"

"尊者，我不但有是法。复次，尊者，我见法得法，觉白净法，断疑度惑，更无余尊，不复从他，无有犹豫，已住果证。于世尊法得无所畏。尊者，我尔时即从坐起，稽首佛足：'世尊，我今自归于佛、法及比丘众，唯愿世尊，受我为优婆塞。从今日始，终身自归乃至命尽。世尊，我从今日，从世尊自尽形寿，梵行为首，受持五戒。'尊者，若我从世尊自尽形寿，梵行为首，受持五戒，未曾知己犯戒。尊者，我有是法。"

比丘叹曰："长者，若有是法，甚奇甚特。"

"尊者，我不但有是法。复次，尊者，我尔时从世尊，自尽形寿，梵行为首，受持五戒已，稽首佛足，绕三匝而去，还归其家，集诸妇女。集已语曰：'汝等知不？我从世尊自尽形寿，梵行为首，受持五戒，汝等欲得住于此者，便可住此，行施作福。若不欲住者，各自还归。若汝欲得嫁者，我当嫁汝。'于是最大夫人来白我曰：'若尊从佛自尽形寿，梵行为首，受持五戒者，便可以我与彼某甲。'尊者，我尔时即为呼彼人，以左手执大夫人臂，右手执金澡罐，语彼人曰：'我今以大夫人与汝作妇。'彼人闻已，便大恐怖，身毛皆竖，而白我曰：'长者欲杀我耶？长者欲杀我耶？'尊者，我语彼曰：'不欲杀汝。然我从佛自尽形寿，梵行为首，受持五戒，是故我以最大夫人与汝作妇耳。'尊者，我已与大夫人，当与、与时都无悔心。尊者，我有是法。"

比丘叹曰："长者，若有是法，甚奇甚特。"

"尊者，我不但有是法。复次，尊者，我诣众园⑪时，若初见一比丘便为作礼，若彼比丘经行⑫者，我亦随经行。若彼坐者，我亦于一面坐。坐已听法，彼尊为我说法，我亦为彼尊说法。彼尊问我事，我亦问彼尊事。彼尊答我事，我亦答彼尊事。尊者，我未曾忆轻慢上中下长老、上尊、比丘。尊者，我有是法。"

比丘叹曰："长者，若有是法，甚奇甚特。"

"尊者，我不但有是法。复次，尊者，我在比丘众行布施时，天住虚空⑬而告我曰：'长者，此是阿罗诃，此是向阿罗诃⑭。此是阿那含，此是向阿那含。此是斯陀含，此是向斯陀含。此是须陀洹，此是向须陀洹。此精进，此不精进。'尊者，我施比丘众时，未曾忆有分别意。尊者，我有是法。"

比丘叹曰："长者，若有是法，甚奇甚特。"

"尊者，我不但有是法。复次，尊者，我在比丘众行布施时，有天住虚空中而告我曰：'长者，有如来、无所着、等正觉、世尊善说法，如来圣众善趣向⑮。'尊者，我不从彼天信，不从彼欲乐，不从彼所闻，但我自有净智，知有如来、无所着、等正觉、世尊善说法，如来圣众善趣向。尊者，我有是法。"

比丘叹曰："长者，若有是法，甚奇甚特。"

"尊者，我不但有是法。复次，尊者，谓佛所说五下分结⑯，贪欲、嗔恚、身见、戒取、疑，我见此五，无一不尽令缚我还此世间，入于胎中。尊者，我有是法。"

比丘叹曰："长者，若有是法，甚奇甚特。"

郁伽长者白比丘曰："愿尊在此食。"

比丘为郁伽长者故，默然受请。郁伽长者知彼比丘默然受已，即从坐起，自行澡水，以极净美种种丰饶食啖含消，自手斟酌，令得饱满。食讫，收器，行澡水竟，持一小床别坐听法。比丘为长者说法，劝发渴仰，成就欢喜。无量方便为彼说法，劝发渴仰，成就欢喜已，从坐起去，往诣佛所，稽首礼足，却坐一面，谓与郁伽长者，本所共论，尽向佛广说。

于是，世尊告诸比丘："我以是故，咨嗟称叹郁伽长者有八未曾有法。"

佛说如是，彼诸比丘闻佛所说，欢喜奉行。

（选自《中阿含经》卷九《未曾有法品·郁伽长者经》第七）

注释

①**鞞舍离**：梵文 Vaiśāli 的音译，也作"吠舍离""毗舍离"等。古印度国名。

②**昞晔**：形容光很亮很强。

③**端正法**：即"正法"，真正的道法。

④**欢喜心、具足心……无盖心**：欢喜，接于顺情之境而身心感到喜悦。具足，具备满足。柔软，心柔和而随顺于道。堪耐，能忍耐苦难。升上，向上。一向，心向一处，不散乱、无杂念。无疑，没有疑惑。无盖，极为广大，没有能遮盖其上的，或指无所不涵盖。以上这

几种都是"堪受正法"者所须具备的。

⑤**苦、习、灭、道**：四谛，即苦谛、集谛（亦名"习谛"）、灭谛、道谛。为佛教基本教义之一，也叫"四圣谛"，被认为是神圣的真理。

⑥**自尽形寿**：根据上文，可知郁伽长者已"见法得法，觉白净法，断疑度惑""已住果证"，说明他跟从世尊得以觉悟，获得真理，已经达到了"涅槃"的境界，故从此以后，他由凡入圣，不再有凡俗世人的一切烦恼，而处于智慧福德圆满成就、永恒寂静的安乐境界。从这个意义上，我们说他的这一期有限的生命已经结束。

⑦**某甲**：在此作不定称代词，即某个人。

⑧**金澡罐**：用于盥洗的金罐。

⑨**八未曾有法**：下文郁伽长者在与一位比丘的对话中曾具体叙述了"八未曾有法"的内容，可为此之注。

⑩**平旦**：天亮，清晨。

⑪**众园**：梵语 Saṃghārāma（僧伽蓝摩）的意译，众多比丘居住的地方，即寺院。

⑫**经行**：修行者在坐禅时为了克服睡意而在一个地方来回旋绕着走。有时也是为了健身治病。

⑬**天住虚空**：天为六道之一，是佛教所说世间（迷界）中最高最优越之有情。

⑭**向阿罗诃**：阿罗诃即"阿罗汉"的同词异写。佛

典有"四向"，即须陀洹向、斯陀含向、阿那含向、阿罗汉向。还有"四果"，即须陀洹果、斯陀含果、阿那含果、阿罗汉果。阿罗汉向，指已证得不还果之圣者，入于阿罗汉道，虽尚未证入其果位，但以其趣向于第四果，故称阿罗汉向。

⑮**善趣向：**一心归向于佛。

⑯**五下分结：**佛教谓三界之中欲界之结惑为"下分结"，有五种：一、贪结，即贪欲之烦恼；二、嗔结，即嗔恚之烦恼；三、身见结，即我见之烦恼；四、戒取结，即受取了非理无道的邪戒之后而有的烦恼；五、疑结，即对佛法真理不信而怀疑的烦恼。这五种烦恼起于欲界，而且因有了这五种烦恼从而不超脱欲界，故称之为"五下分结"。

译文

我曾经这样听说过：

有一次，佛游化于毗舍离国，住在大林之中。

当时有一位叫郁伽的长者，身旁的侍从全是女子。他率领众女子从毗舍离城出来前往大林中去，一路歌舞女妓，娱乐排场就像国王一样。郁伽长者喝酒喝得酩酊大醉，丢下那些女子来到大林中间。郁伽长者大醉，远远地看见世尊在林子中间，颜貌端庄，就像众星所拱之月，辉煌昈晔，灿烂耀如金山一般。世尊相好具足庄严，威神巍巍高雄，全身各部分都已入定寂静，没有任何阻碍遮挡。世尊息心静虑，自我调理得很好。郁伽长者一见世尊，立刻就酒醒了。酒醒以后，他就前去参拜佛陀。他五体投地，顶礼佛足，然后退坐到一边。

　　那时，世尊就为他说法，劝发诱导渴仰之心，使之圆满，成就欢喜。世尊用了各种各样的办法为他说法，劝发诱导渴仰之心，使之圆满，成就欢喜。然后，在种种佛法中，先说端正法，因此法听讲者听后会欢悦心喜。接着又说施舍、戒律、生天等法，说一心想毁谤、中伤他人者会有灾害祸患，说人的生与死是尘垢污染，称赞感叹无欲无念才是纯净无比、最妙最好的道法。世尊为他说完这些法后，知道他已经有了欢喜之心、具足之心、柔软之心、堪耐之心、升上之心、一向之心、无疑之心、无盖之心，已经完全有能力接受正法，世尊就决定像诸佛一样为他讲说正法。于是世尊就为他说苦、集、灭、道四谛。那时郁伽长者就在静坐之中，悟解了苦、集、灭、道的四圣谛。犹如纯白的丝绸容易染上色彩，郁伽长者在静坐中就悟解了四圣谛法。

　　于是，郁伽长者见到了正法，也得到了正法，悟解了纯净无比、最妙最好的道法，断除了疑惑，心中豁然开朗。伽郁长者只从如来世尊，不再跟从其他尊者。他没有丝毫犹豫，已安住于所证之果位。对于世尊所说之法全能觉悟，从此泰然而无所畏惧。于是他马上从座位上起来，向佛施礼，禀告道："世尊，我从现在起就自愿皈依于佛，皈依于法，皈依于众位比丘，但愿世尊能接受我，使我成为一名优婆塞。从今天起，我就终身皈依佛法僧了。今天，我要跟从如来过这一世的生命。我要以梵行为首，然后受持五戒。"

郁伽长者跟从世尊，过这一世的生命，然后以梵行为首，受持五戒。在此之后，他向世尊五体投地，顶礼佛足，右绕世尊三圈而离去。他又回到了原来的家，立即把那些妇人召集到一起，对她们说道："你们知道否？我已跟从世尊过这一世的生命，并以梵行为首，受持了五戒。你们想要留住在此者，就可以住在这里，行施舍而以得福报。如果不想住在这里的话，可以各自回去。如果有想出嫁的，就可以从我这里嫁出去。"

于是，最大的夫人就对郁伽长者道："如果尊者已经跟从如来过这一世的生命，并以梵行为首，受持了五戒，那么就可以把我嫁给那个某某人。"

郁伽长者立即把那个人叫来了，他左手挽着夫人的手臂，右手拿着个金的盥洗罐，对那个人道："我现在把大夫人给你做妻子。"

那人听了，非常害怕，浑身汗毛直竖，对郁伽长者道：

"长者，您这是要杀了我吧？您这是要杀了我吧？"

长者答道："不是要杀你。只是我已跟从如来过这一世的生命，并以梵行为首，受持了五戒。所以我把最大夫人给你做妻子。"郁伽长者和大夫人当时都表示没有后悔之意。

那个时候，世尊以及成千上万无数圣众，一齐围着郁伽长者，赞美感叹："郁伽长者获得了八未曾有法。"

于是有一位比丘第二天清晨一大早穿着袈裟，拿了钵盂就前往郁伽长者的家。郁伽长者远远地见比丘来了，就从座位上起来，偏袒着衣，合掌向比丘道："尊者来得真好！尊者已经好久不来这里了，请您坐在这张床上。"当时那位比丘就坐到那张床上。郁伽长者五体投地，顶礼比丘之足，然后坐到一边。

比丘对他说："长者，你有极大的功德，这非常有用。这是为什么？据说世尊曾为你说法，从而成千上万无数圣众，都曾把你围起来，在此中赞美感叹说：'郁伽长者获八未曾有法。'长者，您有什么法呢？"

郁伽长者答道："尊者，世尊开始的时候并没有说什么奇异之事。我不知道世尊是为了什么原因而说的。但是现在请尊者听一下所谓的我有法的事：有一次，世尊游化于毗舍离，住在大林中。尊者，当时我的身旁全是一群女子，她们侍拥着我，跟着我往毗舍离城外走。在毗舍离的大林中间，全是歌舞女妓，那种娱乐排场就像国王一样。尊者，我当时喝得酩酊大醉，丢下那些女子往大林奔去。尊者，当时我喝得大醉，远远地看见世尊在树林中间，颜貌端正美好，犹如众星所拱之明月，辉煌昕晔，灿烂耀如金山一般。世尊相好具足庄严，威神巍巍高雄，全身的各个部位都已入定寂静，无遮无挡。世尊息心静虑，自我调理得很好。我见到佛以后，立刻酒就醒了。尊者，我有的就是此法。"

比丘赞叹道："长者，如果有此法的话，真是非常奇特啊！"

郁伽长者又道："尊者，我不但有此法。你听我接着说：我酒醒以后，我就前去参拜佛陀。我五体投地，顶礼佛足，然后退坐到一边。世尊就为我说法，劝发诱导渴仰之心，使我圆满成就欢喜。世尊用了各种各样的方便为我说法，劝发诱导渴仰之心，使我圆满成就欢喜。然后，世尊就在种种佛法中为我先说端正之法，因此法听讲者听后会欢娱心喜。接着又为我说施舍、戒律、生天等法，说一心想毁谤、中伤他人者会有灾害祸患，说人的生与死是尘垢污染，称赞感叹无欲无念才是纯净无比、最妙最好的道法。世尊为我说完这些法以后，知道我已具备了欢喜之心、具足之心、柔软之心、堪耐之心、升上之心、一向之心、无疑之心、无盖之心，已经完全有能力接受真正的道法，世尊就说像诸佛一样为我讲说正法的要点。世尊立即就为我讲说苦、集、灭、道四谛。当时，我在静坐之中立即就悟解了四圣谛法，就像纯白的丝绸容易染上色彩一样。尊者，我也是这样，静坐之中很快就悟解了苦、集、灭、道四圣谛法。尊者，我有的就是这法。"

比丘听了赞叹道："长者，如果有此法的话，那真是非常奇特啊！"

郁伽长者又道："尊者，我不但有此法。您接着听我说：我见到了正法，也得到了正法，悟解了纯净无比、最妙最好的道法，断除了疑惑，心中豁然开朗。我只跟从如来，不再崇拜其他尊者，没有丝毫犹豫，立即就安住于所证之果位。我悟解了世尊为我所说的法，从此对一切泰然而无所畏惧。尊者，我当时立即从座位上起来，五体投地，顶礼佛足，对世尊道：'我现在自愿皈依于佛，皈依于法，皈依于比丘众，但愿世尊能接受我，使我成为一名优婆塞。从今天起我要终身归顺于佛法僧。从今天起我要跟从世尊，过这一世的生命，以梵行为首，受持五戒。'尊者，自我跟从世尊，过这一世的生命，我知道自己就再也未曾犯过戒。尊者，我有的就是这样的法。"

比丘听了赞叹道："长者，如果有此法的话，那真是非常奇特啊！"

郁伽长者又道："尊者，我不但有此法。您接着听我说：那时我跟从了世尊，过这一世的生命，并以梵行为首，受持五戒后，就五体投地，顶礼佛足，然后右绕世尊三圈而离去。我回到了家，把那些女人召集在一起，然后对她们说：'你们知道否？我已经跟从世尊过这一世的生命，并以梵行为首，受持了五戒。如果你们有想要继续留在这里的，就可以住在这里，行施舍从而得福报。如果有不想住在这里的，可以各自回去。如果有想出嫁的，我会负责把你们嫁出去。'于是最大夫人就来对我说：'如果尊者真的已经跟从如来过这一世的生命，并以梵行为首，受持了五戒的话，那么就请把我嫁给那个某某人。'尊者，当时我就把那个人叫来了，我用左手挽着大夫人的手臂，用右手拿着个金的盥洗罐，对那个人道：'我现在把大夫人给你做妻子。'那人听了，非常害怕，浑身汗毛直竖，对我道：'长者，您这是要杀了我吧？您这是要杀了我吧？'尊者，我对他说道：'我不是要杀你。只是我已跟从了如来过这一世的生命，并以梵行为首，受持了五戒，所以我把最大夫人给你做妻子。'尊者，我把大夫人给了那个人，当时我没有一点后悔之意。尊者，我有的就是这法。"

比丘听了赞叹道："长者，如果有此法的话，那真是非常奇特啊！"

郁伽长者又道："尊者，我不但有此法。您接着听我说：我去寺院的时候，如果开始见到一位比丘，我就要向他行礼。如果那位比丘经行的话，那我也要跟着他经行。如果他静坐的话，我也要跟着他坐在一边。坐好后听说佛法，如果那位比丘尊者为我说法，我也要为他说法。如果那位比丘尊者问我一些事情，我也问他一些事情。如果那位比丘尊者回答了我所问的事，我也要回答他所问的事。尊者，我想我没有轻慢过上、中、下各位长老，以及上尊、比丘。尊者，我有的就是这法。"

比丘听了赞叹道："长者，如果有此法的话，那真是非常奇特啊！"

郁伽长者又道："尊者，我不但有此法。您接着听我说：我在比丘众中行布施时，诸天停在虚空中告诉我：'长者，这是阿罗汉，这是向阿罗汉。这是阿那含，这是向阿那含。这是斯陀含，这是向斯陀含。这是须陀洹，这是向须陀洹。这是精进努力者，这是懈怠不勤者。'尊者，我在比丘众中布施时，一律平等，未曾想到有任何差别。尊者，我有的就是这法。"

比丘听了赞叹道："长者，如果有此法的话，那真是非常奇特啊！"

郁伽长者又道："尊者，我不但有此法。您接着听我说：我在比丘众中行布施时，有天神停在虚空中告诉我说：'长者，有如来不执着世俗尘染，能够正确遍知一切事物，有世尊善于说法，有如来圣众弟子一心归向。'尊者，我并不听从其天神所说的话，不跟从他纵欲取乐，不听从他所听到的。我自己自有清净之智，知道如来不执着世俗尘染，能够正确遍知一切事物，世尊善于为众生说法，圣众弟子一心归向。尊者，我有的就是这法。"

比丘听了赞叹道："长者，如果有此法的话，那真是非常奇特啊！"

郁伽长者又道："尊者，我不但有此法。您接着听我说：佛所说的五下分结烦恼，是贪欲、嗔恚、身见、戒取、疑惑。我能见此五种烦恼，没有一样不是紧紧系缚有情之身，使人回到俗世尘间，并入于胎中，无穷受苦的。尊者，我有的就是此法。"

比丘听了赞叹道："长者，如果有此法的话，那真是非常奇特啊！"

郁伽长者对比丘道："希望长者在这里吃饭。"

比丘因为是郁伽长者所请，所以默默地接受了邀请。郁伽长者知道那位比丘已经默默接受了邀请，就立即从座位上起来，自己用水洗过，拿来许多又干净又可口香甜的食物请比丘食用，亲自为他斟酌，使比丘吃得饱饱的。吃完以后，收拾餐具，然后又用水洗干净，搬来一张小床，另外坐着讲法。比丘为郁伽长者说法，劝发诱导渴仰之心，使之圆满成就欢喜。比丘用了各种各样的办法为郁伽长者说法，劝发诱导渴仰之心，使之圆满成就欢喜，然后从座位上起来，前往世尊所在的地方，五体投地，顶礼佛足，然后退坐到一边，把在郁伽长者所住之地与他讨论的有关内容，向世尊做了详细的叙述。

于是，世尊告诉诸位比丘："我就是出于这个原因，赞叹郁伽长者有八未曾有法。"

佛就是这样说的，众位比丘听完佛所说的，高高兴兴地遵照奉行。

17 商人求财经

——坚信佛说正法律，如乘骐马安隐度

原典

我闻如是：

一时，佛游舍卫国，在胜林给孤独园。

尔时，世尊告诸比丘："乃往昔时，阎浮洲^①中诸商人等，皆共集会在贾客堂，而作是念：'我等宁可乘海装船，入大海中取财宝来，以供家用。'复作是念：'诸贤入海不可豫知安隐不安隐，我等宁可各各备办浮海之具，谓羖羊皮囊大瓠薄筏^②。'彼于后时各各备办浮海之具，羖羊皮囊大瓠薄筏，便入大海。彼在海中为摩竭鱼王^③破坏其船。彼商人等各各自乘浮海之具，羖羊皮囊大瓠薄筏，浮向诸方。

"尔时，海东大风卒起，吹诸商人至海西岸。彼中逢

见诸女人辈，极妙端正，一切严④具以饰其身。彼女见已，便作是语：'善来诸贤，快来诸贤，此间极乐最妙好处。园观浴池，坐卧处所，林木蓊郁。多有钱财，金银、水晶、琉璃、摩尼、珍珠、碧玉、白珂、砗磲、珊瑚、琥珀、玛瑙、玳瑁、赤石、旋珠⑤，尽与诸贤。当与我等共相娱乐，莫令阎浮洲商人南行，乃至于梦。'

"彼商人等皆与妇人共相娱乐。彼商人等因共妇人合会⑥，生男或复生女。彼于后时，阎浮洲有一智慧商人，独住静处而作是念：以何等故？此妇人辈制于我等不令南行耶？我宁可伺共居妇人，知彼眠已，安徐而起，当窃南行。

"彼阎浮洲一智慧商人，则于后伺其居妇人，知彼眠已，安徐而起，即窃南行。彼阎浮洲一智慧商人既南行已，遥闻大音高声唤叫，众多人声啼哭懊恼，唤父呼母，呼唤妻子及诸爱念亲亲⑦朋友：'好阎浮洲安隐快乐，不复得见。'彼商人闻已，极大恐怖，身毛皆竖，莫令人及非人触娆⑧我者。于是，阎浮洲一智慧商人，自制恐怖，复进南行。彼阎浮洲一智慧商人，进行南已，忽见东边有大铁城。见已，遍观不见其门，乃至可容猫子出处。

"彼阎浮洲一智慧商人，见铁城北有大丛树，即往至彼大丛树所，安徐缘上。上已，问彼大众人曰：'诸贤，汝等何故啼哭懊恼？唤父呼母，呼唤妻子及诸爱念亲亲朋友，好阎浮洲安隐快乐，不复得见耶？'时，大众人便答彼曰：'贤者，我等是阎浮洲诸商人也。皆共集会在贾客堂而作是念：我等宁可乘海装船，入大海中取财宝，求以供家用。贤者，我等复作是念：诸贤我等入海不可豫知安隐不安隐，我等宁可各各备办浮海之具，谓殺羊皮囊大瓠薄筏。

"'贤者，我于后时各各备办浮海之具，谓殺羊皮囊大瓠薄筏，便入大海。贤者，我等在海中，为摩竭鱼王破坏其船。贤者，我等商人各各自乘浮海之具，殺羊皮囊大瓠薄筏，浮向诸方。尔时，海东大风卒起，吹我等商人至海西岸。彼中逢见诸女人辈，极妙端正，一切严具以饰其身。彼女见已，便作是语：善来诸贤，快来诸贤，此间极乐最妙好处。园观浴池，坐卧处所，林木蓊郁。多有钱财，金银、水晶、琉璃、摩尼、珍珠、碧玉、白珂、砗磲、珊瑚、琥珀、玛瑙、玳瑁、赤石、旋珠，尽与诸贤。当与我等共相娱乐，莫令阎浮洲商人南行，乃至于梦。

"'贤者，我等与彼妇人共相娱乐。我等因共妇人合会，生男或复生女。贤者，若彼妇人不闻阎浮洲有诸商人在于海中，为摩竭鱼王破坏船者，则与我等共相娱乐。贤者，若彼妇人闻阎浮洲有诸商人在于海中，为摩竭鱼王破坏船者，便食我等，极遭逼迫。若食人时，有余发毛及爪齿者，彼妇人等尽取食之。若食人时，有血滴地，彼妇人等便以手爪掘地深四寸，取而食之。贤者当知：我等阎浮洲商人本有五百人，于中已啖⑨二百五十，余有二百五十，今皆在此大铁城中。贤者，汝莫信彼妇人语。彼非真人，是罗刹鬼⑩耳。'

"于是，阎浮洲一智慧商人，于大丛树安徐下已，复道而还彼妇人所本共居处。知彼妇人，故眠未寤，即于其夜，彼阎浮洲一智慧商人速往至彼阎浮洲诸商人所，便作是语：'汝等共来，当至静处。汝各独往，勿将儿去。当共在彼，密有所论。'彼阎浮洲诸商人等共至静处，各自独去，不将儿息。

"于是，阎浮洲一智慧商人语曰：'诸商人，我则独住于安静处，而作是念：以何等故，此妇人辈制于我等，不令南行耶？我宁可伺共居妇人，知彼眠已，安徐而起，当窃南行。于是我便伺共居妇人，知彼眠已，我安徐起，即窃南行。我南行已，遥闻大音高声唤叫，众多人声啼哭懊恼，唤父呼母，呼唤妻子及诸爱念亲亲朋友："好阎浮洲安隐快乐，不复得见。"我闻是已，极大恐怖，身毛皆竖。莫令人及非人触娆我者，于是，我便自制恐怖，复进南行。进南行已，忽见东边有大铁城。见已，遍观不见其门，乃至可容猫子出处。

"'我复见于大铁城北有大丛树，即往至彼大丛树所，安徐缘上。上已，问彼大众人曰：诸贤，汝等何故啼哭懊恼，唤父呼母，呼唤妻子及诸爱念亲亲朋友？好阎浮洲安隐快乐，不复得见耶？彼大众人而答我曰：贤者，我等是阎浮洲诸商人，皆共集会在贾客堂，而作是念：我等宁可乘海装船，入大海中取财宝来，以供家用。贤者，我等复作是念：诸贤，我等入海，不可豫知安隐不安隐，我等宁可各各备办浮海之具，谓羖羊皮囊大瓠薄筏。贤者，我等后时，各各备办浮海之具，谓羖羊皮囊大瓠薄筏，便入大海。贤者，我等在海中，为摩竭鱼王破坏其船。贤者，我等商人各各自乘浮海之具，羖羊皮囊大瓠薄筏，浮向诸方。尔时，海东大风卒起，吹我等商人至海西岸。彼中逢见诸女人辈，极妙端正，一切严具以饰其身。彼女见已，便作是语：善来诸贤，快来诸贤，此间极乐最妙好处。园观浴池，坐卧处所，林木蓊郁。多有钱财，金银、水晶、琉璃、摩尼、珍珠、碧玉、白珂、砗磲、珊瑚、琥珀、玛瑙、玳瑁、赤石、旋珠，尽与诸贤。当与我等共相娱乐。莫令阎浮洲商人南行，乃至于梦。贤者，我等与彼妇人共相娱乐。我等因共妇人合会，生男或复生女。贤者，若彼妇人不闻阎浮洲更有商人在于海中，为摩竭鱼王破坏船者，则与我等共相娱乐。贤者，若彼妇人闻阎浮洲更有商人在于海中，为摩竭鱼王破坏船者，便食我等，极遭逼迫。若食人时，有余发毛及爪齿者，彼妇人等尽取食之。若食人时，有血滴地，彼妇人等便以手爪掘地深四寸，取而食之。贤者，当知我等阎浮洲商人本有五百人，于中已啖二百五十，余有二百五十，今皆在此大铁城中。贤者，汝莫信彼妇人语。彼非真人，是罗刹鬼耳。'

"于是，阎浮洲诸商人，问彼阎浮洲一智慧商人曰：'贤者不问彼大众人，诸贤颇⑪有方便⑫，令我等及汝等从此安隐度至阎浮洲耶？'阎浮洲一智慧商人答曰：'诸贤，我时脱，不如是问也。'于是，阎浮洲诸商人语曰：'贤者，还去至本共居妇人处已，伺彼眠时，安徐而起，更窃南行。复往至彼大众人所，问曰：诸贤，颇有方便，令我等及汝等从此安隐度至阎浮洲耶？'于是，阎浮洲一智慧商人，为诸商人默然而受。

"是时，阎浮洲一智慧商人，还至共居妇人处已，伺彼眠时，安徐而起，即窃南行，复往至彼大众人所。问曰：'诸贤，颇有方便，令我等及汝等，从此安隐度至阎浮洲耶？'彼大众人答曰：'贤者，更无方便，令我等从此安隐度至阎浮洲。贤者，我作是念：我等当共破掘此墙，还归本所，适发心已，此墙转更倍高于常。贤者，是谓方便，令我等不得从此安隐度至阎浮洲。贤者，别有方便，可令汝等，从此安隐度至阎浮洲。我等永无方便。诸贤，我等闻天于空中唱曰：阎浮洲诸商人，愚痴不定，亦不善解。所以者何？不能令十五日说从解脱⑬时而南行。彼有駃马王，食自然粳米，安隐快乐，充满诸根⑭。再三唱曰：谁欲度彼岸，谁欲使我脱？谁欲使我将从此安隐度至阎浮洲耶？汝等可共诣駃马王而作是语：我等欲得渡至彼岸，愿脱我等，愿将我等从此安隐度至阎浮洲。贤者，是谓方便，令汝等从此安隐度至阎浮洲。商人汝来，可往至彼駃马王所，而作是语：我等欲得渡至彼岸，愿脱我等，愿将我等从此安隐度至阎浮洲。'

"于是，阎浮洲有一智慧商人语曰：'诸商人，今时往诣駃马王所，而作是语：我等欲得渡至彼岸，愿脱我等，愿将我等从此安隐度至阎浮洲。诸商人随诸天意。诸商人若使十五日说从解脱时，駃马王食自然粳米，安隐快乐，充满诸根。再三唱曰：谁欲渡彼岸？谁欲从我脱？谁欲使我将从此安隐度至阎浮洲耶？我等尔时即往彼所，而作是语：我等欲得渡至彼岸，愿脱我等，愿将我等从此安隐度至阎浮洲。'

"于是，駃马王后十五日说从解脱时，食自然粳米，安隐快乐，充满诸根。再三唱曰：'谁欲得度彼岸？我当脱彼。我当将彼从此安隐度至阎浮洲。'⑮ 时，阎浮洲诸商人闻已，即便往诣駃马王所，而作是语：'我等欲得度至彼岸，愿脱我等，愿将我等从此安隐度至阎浮洲。'时，駃马王语曰：'商人，彼妇人等必当抱儿共相将来而作是语：

诸贤善来还此，此间极乐，最妙好处。园观浴池，坐卧处所，林木翁郁。多有钱财，金银、水晶、琉璃、摩尼、珍珠、碧玉、白珂、砗磲、珊瑚、琥珀、玛瑙、玳瑁、赤石、旋珠。尽与诸贤，当与我等共相娱乐。设不用我者，当怜念儿子。

"'若彼商人而作是念：我有男女，我有极乐最妙好处，园观浴池，坐卧处所，林木翁郁。我多有钱财，金银、水晶、琉璃、摩尼、珍珠、碧玉、白珂、砗磲、珊瑚、琥珀、玛瑙、玳瑁、赤石、旋珠者。彼虽骑我，正当背中，彼必颠倒，落堕于水，便当为彼妇人所食，当遭逼迫。若食人时，有余发毛及爪齿者，彼妇人便当尽取食之。复次，若食人时，有血滴地，彼妇人等便以手爪掘地深四寸，取而食之。若彼商人不作是念：我有男女，我有极乐最妙好处，园观浴池，坐卧处所，林木翁郁。我多有钱财，金银、水晶、琉璃、摩尼、珍珠、碧玉、白珂、砗磲、珊瑚、琥珀、玛瑙、玳瑁、赤石、旋珠者。[16]彼虽持我身上一毛，彼必安隐度至阎浮洲。'"

于是，世尊告诸比丘："彼妇人等抱儿子来而作是语：'诸贤善来还此，此间极乐，最妙好处。园观浴池，坐卧处所，林木翁郁。多有钱财，金银、水晶、琉璃、摩尼、珍珠、碧玉、白珂、砗磲、珊瑚、琥珀、玛瑙、玳瑁、赤石、旋珠。尽与诸贤，当与我等共相娱乐。'若彼商人而作是念：我有男女，我有极乐最妙好处，园观浴池，坐卧处所，林木蓊郁。我多有钱财，金银、水晶、琉璃、摩尼、珍珠、碧玉、白珂、砗磲、珊瑚、琥珀、玛瑙、玭琄、赤石、旋珠者。彼虽得骑駃马王脊正当背中，彼必颠倒，落堕于水，便当为彼妇人所食，当遭逼迫。若食人时，有余发毛及爪齿者，彼妇人等尽取食之。复次，食彼人时有血滴地，彼妇人等便以手爪掘地深四寸，取而食之。若彼商人不作是念：我有男女，我有极乐最妙好处，园观浴池，坐卧处所，林木蓊郁。我多有钱财，金银、水晶、琉璃、摩尼、珍珠、碧玉、白珂、砗磲、珊瑚、琥珀、玛瑙、玭琄、赤石、旋珠者。彼虽持駃马王一毛者，彼必安隐度至阎浮洲。

"诸比丘，我说此喻，欲令知义。此说是义，我法善说，发露极广[17]，善护无有空缺，如桥筏浮具，遍满流布，乃至天人。如是我法善说，发露极广，善护无有空缺，如桥筏浮具，遍满流布，乃至天人。

"若有比丘作如是念：眼是我，我有眼。耳、鼻、舌、身、意是我，我有意者[18]。彼比丘必被害，犹如商人为罗刹所食。我法善说，发露极广，善护无有空缺，如桥筏浮具，遍满流布，乃至天人。如是我法善说，发露极广，善护无有空缺，如桥筏浮具，遍满流布，乃至天人。若有比丘作如是念：眼非是我，我无有眼。耳、鼻、舌、身、意非是我，我无有意者。彼比丘得安隐去，犹如商人乘駃马王安隐得度。我法善说，发露极广，善护无有空缺，如桥筏浮具，遍满流布，乃至天人。如是我法善说，发露极广，善护无有空缺，如桥筏浮具，遍满流布，乃至天人。

"若有比丘作如是念：色是我，我有色。声、香、味、触、法是我，我有法者⑲。彼比丘必被害，犹如商人为罗刹所食。我法善说，发露极广，善护无有空缺，如桥筏浮具，遍满流布，乃至天人。如是我法善说，发露极广，善护无有空缺，如桥筏浮具，遍满流布，乃至天人。若有比丘作如是念：色非是我，我无有色。声、香、味、触、法非是我，我无有法者。彼比丘得安隐去，犹如商人乘駃马王安隐得度。我法善说，发露极广，善护无有空缺，如桥筏浮具，遍满流布，乃至天人。如是我法善说，发露极广，善护无有空缺，如桥筏浮具，遍满流布，乃至天人。

"若有比丘作如是念：色阴是我，我有色阴。觉、想、行、识阴是我，我有识阴者⑳。彼比丘必被害，犹如商人为罗刹所食。我法善说，发露极广，善护无有空缺，如桥筏浮具，遍满流布，乃至天人。如是我法善说，发露极广，善护无有空缺，如桥筏浮具，遍满流布，乃至天人。若有比丘作如是念：色阴非是我，我无有色阴。觉、想、行、识阴非是我，我无有识阴者。彼比丘得安隐去，犹如商人乘駃马王安隐得度。我法善说，发露极广，善护无有空缺，如桥筏浮具，遍满流布，乃至天人。如是我法善说，发露极广，善护无有空缺，如桥筏浮具，遍满流布，乃至天人。

"若有比丘作如是念：地是我，我有地。水、火、风、空、识是我，我有识者㉑。彼比丘必被害，犹如商人为罗刹所食。我法善说，发露极广，善护无有空缺，如桥筏浮具，遍满流布，乃至天人。如是我法善说，发露极广，善护无有空缺，如桥筏浮具，遍满流布，乃至天人。若有比丘作如是念：地非是我，我无有地。水、火、风、空、识非是我，我无有识者。彼比丘得安隐去，犹如商人乘駃马王安隐得度。"于是世尊说此颂曰：

若有不信于，佛说正法律，

彼人必被害，如为罗刹食。

若人有信于，佛说正法律，

彼得安隐度，如乘駃马王。

佛说如是，彼诸比丘闻佛所说，欢喜奉行。

（选自《中阿含经》卷三十四《大品·商人求财经》第二十）

注释

①**阎浮洲**：即"南赡部洲"，为梵文 Jambudvīpa 的旧译。佛教四大部洲之一。"阎浮"即"赡部"Jambu，树名。此洲盛产赡部树，位于须弥山南面咸海里，故名。

②**羖羊皮囊大瓠薄筏**：羖，黑色的公羊。"薄"，大正藏本为"押"，据宋、元、明《大藏经》改作"薄"。用黑公羊皮做成的像大葫芦似的皮口袋，用来做能浮海的皮筏。

③**摩竭鱼王**：鲸鱼的一种，被认为是鱼中之王。"摩竭"也作"摩伽"，为梵语 Makara 的音译简称。

④**严**：装饰打扮。

⑤**水晶、琉璃……旋珠**：均为珍玉宝石之类。其中"白珂"盖为似玉的石头；"砗磲"，为一种玉石；"玳瑁"，为形状似龟的爬行动物，甲壳黄褐色，有黑斑，很光滑，可做装饰品。

⑥**合会**：同居共住。

⑦**亲亲**：亲人、亲朋。

⑧**触娆**：触犯，扰乱。

⑨**啖**：吃。

⑩**罗刹鬼**："罗刹"为梵文 Rākṣasa 的音译略称，本为印度神话中的恶魔名，后被佛教吸收，为恶鬼之称。

男罗刹为黑身、朱发、绿眼，女罗刹为绝美妇人，都能食人血肉。

⑪**颇**：很。

⑫**方便**：办法。

⑬**从解脱**：也称"别解脱"，戒的别名。

⑭**诸根**：眼、耳、鼻等诸根，这里意指全身的各个部位。

⑮"于是，骀马王"等句，重复，亦可略去，译文与后稍有调整。

⑯"我有男女……多有钱财，金银"等句，所想内容重复，亦可略去。

⑰**发露极广**：佛能使广大众生发露自己所犯之罪、过错而无所隐藏。

⑱**眼是我，我有眼。耳、鼻、舌、身、意是我，我有意者**：眼、耳、鼻、舌、身、意，即所谓"六根"。指人身的六种感觉器官。

⑲**色是我，我有色。声、香、味、触、法是我，我有法者**：色、声、香、味、触、法，即所谓"六境"，或叫作"六尘""六贼"等。指眼、耳、鼻、舌、身、意六识所感受到的六种境界。

⑳**色阴是我，我有色阴。觉、想、行、识阴是我，我有识阴者**：色阴、觉阴（也称"受阴"）、想阴、行阴、

识阴，即所谓"五阴"，也称"五蕴"。指色、受、想、行、识这五种能动作用。佛教认为，人身是五蕴和合而成的集合体，所以"五阴"常可作"人"的代称。

㉑地是我，我有地。水、火、风、空、识是我，我有识者：地、水、火、风、空、识，即所谓"六大"。佛教认为，这是创造万象的六种根本要素。

译文

我曾听佛这样说过：

有一次，佛游化于舍卫国，在胜林给孤独园。

当时，世尊告诉众比丘："很久以前，阎浮洲上的所有商人，全都聚集在商客大堂中，如此商量道：'我们不如乘船到海上去寻找财宝，以此供家中花费。'又道：'诸位贤者下海，不能预知安全不安全，我们不如各自准备置办一些能浮海的工具，那种用黑公羊皮做的像大葫芦似的薄皮筏就行。'于是他们就各自分头准备浮海的工具——用黑公羊皮做的像大葫芦似的薄皮筏，然后就下海采宝了。他们在海上碰上了摩竭鱼王，船被破坏了。那些商人各自赶紧乘上他们本来准备好的浮海工具，朝四面八方漂去。

"当时，海东岸突然起了大风，于是就把这些已漂散的商人吹送到了大海的西岸。在那里，他们看到有许多女子，个个都长得非常漂亮，身上满是珠宝绫罗等饰物。那些女人一见到众商人便道：'众位贤人来了，太好了。大家快来。这里是快乐无比、最妙最好的地方。庭院楼阁，树木蓊郁；沐浴坐卧之所，应有尽有。这里还有无数金银财宝，如金子银子、水晶、琉璃、摩尼宝珠、珍珠、碧玉、白珂、砗磲、珊瑚、琥珀、玛瑙、玳瑁、赤石、旋珠等等，我们都可以送给诸位贤人。但你们要和我们同享欢乐，我们不会让你们阎浮洲的商人前往南方，乃至于梦中，也不得前往。'

"于是那些商人都和女人们一起寻欢作乐。商人们还和女人们同居，有的生了儿子，有的生了女儿。后来，其中有一位聪明的商人，独自坐在幽静之处而想道：为什么这些女人要把我们控制在这里而不让我们往南走呢？我何不等与我同居的妇人睡着了，悄悄地起来，偷偷地往南去？

"于是，这位阎浮洲的聪明的商人，后来就窥探那位与其同居的妇人，待她睡熟后，悄悄地慢慢地爬起来，然后偷偷往南走。那位聪明的商人向南走了一段后，远远就听到有很大的声音在叫唤，有很多人的哭声、喊声，呼唤父母的、呼唤妻子儿女的，还有呼唤亲朋好友、恋人情人等的。他们哭喊道：'阎浮洲真是好啊，又安隐又快乐，可是我们再也见不到了。'商人听后，吓得汗毛直竖，心想：可别让这些人和怪物来碰到我啊。于是，这位阎浮洲的聪明的商人，自己控制住恐惧害怕的心情，又继续往南走。往南走了一会儿，忽然看见东边有一座巨大的铁城。但等他再看，却看不见城门，乃至连猫子可进出的洞口都没有。

"那位阎浮洲聪明的商人见城北有一棵长得很茂盛的大树，就走到那里，慢慢地悄悄地爬上那棵大树。上去后，他问那些人：'众位贤人，你们为何如此懊恼啼哭？呼父唤母，呼唤妻子儿女以及亲朋好友、恋人情人？为什么说阎浮洲好，安隐快乐，而再也不能见了？'当时，那些人便回答他道：'贤人，我们都是阎浮洲的商人啊。我们曾一起聚集在商客大堂中，如此商量道：我们不如乘船到海上去寻找财宝，以此供家中开销。贤人，我们又这样商量：众位贤者下海，不能预知安全不安全，我们何不各自准备置办一些浮海的工具，那种用黑公羊皮做的像大葫芦似的薄皮筏就行。

"'贤人，我们后来就分头各自去准备那种皮筏。弄好以后，我们就下海了。贤人，我们在海上，碰上了摩竭鱼王，船被破坏了。贤人，我们只好跳上那早就准备好的皮筏，任水漂向四面八方。当时，海的东边突然起了一阵大风，把我们漂散的商人吹到了大海的西岸。在那儿，我们见到了许多女人，她们都长得非常漂亮，身上满是珠光宝气的装饰品。那些女人一见到我们，便道：众位贤人来了，太好了。大家快来吧。这里是快乐无比、最妙最好的地方。庭院楼阁，树木蓊郁；沐浴坐卧之所，样样齐全。这里还有无数的金银财宝，如金子银子、水晶、琉璃、摩尼宝珠、珍珠、碧玉、白珂、砗磲、珊瑚、琥珀、玛瑙、玟瑰、赤石、旋珠等等。我们都可以送给众位贤人，但你们要留下和我们共享欢乐。不要让阎浮洲商人前往南方，乃至于梦中也不得前往。

"'贤人，于是我们就与那些女人尽情享乐，并与她们同居，有的生了男孩，有的生了女孩。贤人，如果那些女人没有听说阎浮洲别的商人在海上碰到摩竭鱼王，船被破坏了的话，她们就会和我们共享欢乐。贤人，如果那些女人听说阎浮洲又有很多商人在海上被摩竭鱼王弄坏了船，就会吃我们，我们就会遭很大的逼迫。吃人的时候，如果还剩下头发及手指、牙齿等的，那些女人就会全部拿来再吃掉。吃人时，如果有血滴在地上，那些女人就会用手指挖地，有四寸那么深，然后再吃掉。贤人，您应该知道我们阎浮洲的商人本来有五百个人，其中已经被吃掉了二百五十个，还剩下二百五十个，现在都在这大铁城中。贤人啊，你不要相信那些女人的话。她们不是人，她们是罗刹鬼啊。'

"于是，阎浮洲的这位聪明的商人，从大树上慢慢下来，然后又顺原路回到和那女人原来同居的地方。见那女人一直睡着没有醒，于是当夜，这位阎浮洲聪明的商人就赶紧来到别的阎浮洲商人的住地，如此道：'你们都到一个僻静的地方去，单独前往，千万别带孩子。都到那里以后，我有秘密告诉你们。'于是阎浮洲的众位商人一起来到一个安静之处，且都是一个人去的，谁也没带孩子。

"于是，这位阎浮洲聪明的商人道：'众位商人，在此之前，我曾独自坐在一处幽静之所这样想道：为什么这些女人要把我们控制在这里，不让我们往南走呢？我何不等与我同居的女人睡着了，悄悄地起来，偷偷地往南去看看呢？于是我就等着，见那个女人睡着后，慢慢爬起来，然后偷偷往南走。我向南走了一段，远远听到有很大的叫唤声，很多的哭声、喊声，有哭喊父母的，有哭喊妻子儿女的，还有呼唤亲朋好友、恋人情人的。我又听见有人哭喊道："阎浮洲真是好啊，又安隐又快乐，可是我们再也见不到了。"听到这些声音，我吓得汗毛直竖。为了不让这些人和怪物过来碰到我，我控制住恐惧害怕的心情，又继续往南走。往南走了一会儿，忽然看见东边有一座巨大的铁城。但等我再看，却又看不见城门，乃至连猫子可进出的洞口都没有。

"'我又见城北有棵大树，于是我走到大树下，慢慢爬上树，问那些人：众位贤人，你们为何如此懊恼啼哭？呼父唤母，呼唤妻子儿女以及亲朋好友、恋人情人？为什么说阎浮洲好啊，安隐快乐，却再也不能见了？那些人回答我道：贤人啊，我们都是阎浮洲的商人。我们曾一起聚集在商客大堂中，如此商量道：我们不如乘船到海上去寻找财宝，以此供家中开销。贤人，我们又这样商量：我们要是下海，不能预知安全不安全，我们何不各自准备置办一些浮海的工具，那种用黑公羊皮做的像大葫芦似的薄皮筏就行。贤人，我们后来就分头各自去准备那种皮筏。弄好以后，我们就下海了。贤人，我们在海上碰上了摩竭鱼王，船被弄坏了。贤人，我们只好各自跳上那早就准备好的皮筏，顺水漂向四面八方。当时，海的东边突然起了一阵大风，把我们这些已经漂散的商人又吹到了大海的西岸。在那儿，我们见到了许多女人，她们都长得非常漂亮，身上挂满珠光宝气的装饰品。那些女人一见到我们，便道：众位贤人来了，太好了，这太好了！大家快来呀！这里是快乐无比、最妙最好的地方。庭院楼阁，树木蓊郁；沐浴坐卧之所，样样齐全。这里还有无数的金银财宝，如金子银子、水晶、琉璃、摩尼宝珠、珍珠、碧玉、白珂、砗磲、珊瑚、琥珀、玛瑙、玫瑰、赤石、旋珠等等。这些我们都可以送给诸位，但你们要留下和我们共享欢乐。不要让阎浮洲商人前往南方，乃至于梦中也不得前往。贤人，于是我们就与那些女人尽情享乐，并与她们同居共住，有的生了男孩，有的生了女孩。贤人，如果那些女人没有听说阎浮洲别的商人在海上碰到摩竭鱼王，船被弄坏了的话，她们就会一直和我们共享欢乐。贤人，如果那些女人听说阎浮洲又有商人在海上被摩竭鱼王弄坏了船，就会吃我们，我们就会遭很大的逼迫。吃人的时候，如果还剩下头发及手指、牙齿等，那些女人就会全部拿来再吃掉。吃人时，如果有血滴在地上，那些女人就会用手指挖地，深达四寸，然后再吃掉。贤人啊，您应该知道：我们阎浮洲的商人本来有五百个人，其中已经被吃掉了二百五十个，还剩下二百五十个，现在都在这大铁城中。贤人啊，你不要相信那些女人的话。她们不是人，她们是罗刹鬼啊。'

"于是，阎浮洲的众位商人，问这位阎浮洲的聪明商人道：'贤人，你有没有问问那些人，他们有没有办法，能让我们和你安全可靠地到达阎浮洲呢？'这位聪明的阎浮洲商人道：'众位贤人，我很快就从树上下来，没有这么问。'于是，众商人道：'贤人，你快回到与你同居的女人那儿，待她睡着，慢慢起来，悄悄地往南走，再到那些商人住的地方，问他们：众位贤者，有什么办法，能让我们和你们都从这儿安全可靠地到达阎浮洲吗？'于是，这位聪明的阎浮洲商人，默默地接受了众位商人的请求。

"当时，那位聪明的阎浮洲商人，回到那位同居的女人的住处，等她睡着了，慢慢起来，悄悄地往南走，又来到那些人住的地方。他问道：'众位贤人，有什么办法，能让我们和你们从这里安全可靠地到达阎浮洲吗？'那些人答道：'贤人，我们根本没有办法，能使自己从这里安全可靠地到达阎浮洲。贤人，我们这样想：我们应该一起把这墙挖破，这样就可以回到我们原来的地方。但刚这么想完，这墙就比平时又高了几倍。贤人，这办法不能让我们从这里安全可靠地到达阎浮洲。贤人，或许有别的办法，能让你们从这里安全可靠地到达阎浮洲。我们是永远没有机会了。众位贤人，我们曾听见天神在空中唱道：阎浮洲的众位商人，愚痴，心不安定，也没有智慧。这是为什么？这是因为他们不能在十五日说别解脱法时往南去。那儿有駏马王，吃天然稻米，浑身充满安逸快乐。它反复鸣叫：谁想从此岸到彼岸去？谁想跟我离开这里？谁想让我把他安全可靠地带到阎浮洲？你们可一起到駏马王那里去，这么说：我们想渡至彼岸，希望能度脱我们，盼着能把我们安全可靠地带到阎浮洲。贤人，这就是能让你们安全可靠地到达阎浮洲的方法。商人，您来。您可到駏马王那里，这么说：我们想渡至彼

岸，希望能度脱我们，盼着能把我们安全可靠地从这里带到阎浮洲去。'

"于是，这位聪明的阎浮洲商人回来对众位商人道：'诸位，现在我们到騜马王那里去这么说：我们想到彼岸去，希望能度脱我们，盼着能把我们安全可靠地从这里带到阎浮洲去。大家要顺从天意。大家若能在十五日说别解脱法时往南行，就能见到那儿有騜马王，吃着天然稻米，浑身充满安逸快乐，反复鸣叫：谁想从此岸到彼岸去？谁想跟我离开这里？谁想让我把他安全可靠地带到阎浮洲去？我们那时就到它那里这么说：我们想到彼岸去，希望能度脱我们，盼着能把我们安全可靠地从这里带到阎浮洲去。'

"于是，阎浮洲的众位商人听后，在后来十五日说别解脱法时，来到騜马王之处，只见騜马王正吃着天然稻米，浑身充满安逸快乐。它反复鸣叫：'谁想从此岸到彼岸去？我将把他带过去。我将把他安全可靠地带到阎浮洲去。'于是众位商人便齐声道：'我们想到彼岸去，希望能度脱我们，盼着能把我们安全可靠地带到阎浮洲去。'騜马王听后对他们道：'商人们，那些妇人一定会抱了孩子一起跑到这里来，她们一定会这么说：你们这些好人啊，好好儿留在这里吧。这里是快乐无比、最妙最好的地方。庭院楼阁，树木翁郁；沐浴坐卧之所，样样齐全。这里还有无数的金银财宝，如金子银子、水晶、琉璃、摩尼宝珠、珍珠、碧玉、白珂、砗磲、珊瑚、琥珀、玛瑙、玑瑁、赤石、旋珠等等。这些我们可以都给你们，只要你们能和我们共享欢乐。即使你们不要我们，也得可怜可怜你们的孩子吧。

"'如果商人们这样想：我有儿有女，又有快乐无比、最妙最好的地方。庭院楼阁，树木蓊郁；沐浴坐卧之所，样样齐全。我还有无数的金银财宝。那你们即使可坐在我的背当中，也一定会跌倒，掉到水里，就会被那些女人吃掉，就会遭大逼迫。吃人的时候，如果还剩下头发及手指、牙齿等，那些女人就会全部拿来再吃掉。又，吃人时，如果有血滴在地上，那些女人就会用手指挖地，深至四寸，然后抓来吃掉。如果那些商人不这样想，他们虽然只抓着我身上的一根毛，也一定会被安全可靠地带到阎浮洲。'"

于是，世尊告诉诸位比丘："那些女人抱了儿子来这样说道：'你们这些好人，好好儿留在这里吧。这里是快乐无比、最妙最好的地方。庭院楼阁，树木蓊郁；沐浴坐卧之所，样样齐全。这里还有无数的金银财宝，全部都给你们。但你们要和我们共享欢乐。'如果那些商人这样想：我有儿有女，又有快乐无比、最妙最好的地方。庭院楼阁，树木蓊郁；沐浴坐卧之所，样样齐全。我还有无数的金银财宝。那他们即使能坐在駃马王背的当中，也一定会跌倒，掉到水里，就会被那些妇人吃掉，就会遭大逼迫。吃人时，如果还剩有头发、手指、牙齿等，那些女人就会全部拿来再吃掉。又，吃人时，如果有血滴在地上，那些女人就会用手指挖地，深至四寸，然后抓过来吃掉。如果那些商人不这么想，他们虽然只抓住駃马王身上的一根毛，也一定能被安全可靠地带到阎浮洲。

"众位比丘，我说这个譬喻，是为了让大家明白佛法教义。我能灵活巧妙地解说佛法教义，能使很多人发露自己所犯之过错而无所隐藏，善于护佑芸芸众生，不漏不缺任何一个，从鸟兽动物到人类、天神，就像跨河之桥、渡水之筏，到处都是，无处不有。像我这样能灵活巧妙地解说佛法教义，能使很多人发露自己所犯之过错而无所隐藏，善于护佑芸芸众生，不漏不缺任何一个，从鸟兽动物到人类、天神，就像跨河之桥、渡水之筏，到处都是，无处不有。

"如果有比丘这样想到：眼是我的，我有眼。耳、鼻、舌、身、意是我的，我拥有这一切。那这比丘就一定会被此执着所害，就像商人要被罗刹鬼吃掉一样。我能灵活巧妙地解说佛法教义，能使很多的人发露所犯之过错而无所隐藏，并能很好地保护芸芸众生，没有一个漏掉的，从鸟虫走兽，到人类、天神，就像跨河之桥、渡水之筏，到处都是，无处不有。像我这样能灵活巧妙地解说佛法教义，能使众人发露自己所犯的过错而无所隐藏，善于护佑芸芸众生，不漏不缺任何一个，从鸟兽动物到人类、天神，就像跨河之桥、渡水之筏，到处都是，无处不有。如果有比丘这样想：眼不是我的，我没有眼。耳、鼻、舌、身、意也不是我的，我没有这一切。那么，这位比丘就能得以安隐而去，就像商人乘着骢马王能安全可靠地到达彼岸。我能灵活巧妙地解说佛法教义，能使很多的人发露自己的过错而无所隐藏，善于护佑芸芸众生，不漏不缺任何一个，从鸟兽动物到人类、天神，就像跨河之桥、渡水之筏，到处都是，无处不有。像我这样能灵活巧妙地解说佛法教义，能使众人发露自己所犯的过错而无所隐藏，善于护佑芸芸众生，不漏不缺任何一个，从鸟兽动物到人类、天神，就像跨河之桥、渡水之筏，到处都是，无处不有。

"如果有比丘这样想到：色是我的，我有色。声、香、味、触、法是我的，我拥有这一切。那么，这比丘就一定会被此执着所害，就像商人要被罗刹鬼吃掉一样。我能灵活巧妙地解说佛法教义，能使众人发露自己的过错而无所隐藏，善于护佑芸芸众生，不漏不缺任何一个，从鸟兽动物到人类、天神，就像跨河之桥、渡水之筏，到处都是，无处不有。像我这样能灵活巧妙地解说佛法教义，能使众人发露自己所犯的过错而无所隐藏，善于护佑芸芸众生，不漏不缺任何一个，从鸟兽动物到人类、天神，就像跨河之桥、渡水之筏，到处都是，无处不有。如果有比丘这样想道：色不是我的，我没有色。声、香、味、触、法也不是我的，我没有这一切。那么，这位比丘就能安隐而去，就像商人乘着駃马王安全可靠地渡至彼岸。我能灵活巧妙地解说佛法教义，能使众人发露自己的过错而无所隐藏，善于护佑芸芸众生，不漏不缺任何一个，从鸟兽动物到人类、天神，就像跨河之桥、渡水之筏，到处都是，无处不有。像我这样能巧妙灵活地解说佛法教义，能使众人发露自己所犯的过错而无所隐藏，善于护佑芸芸众生，不漏不缺任何一个，从鸟兽动物到人类、天神，就像跨河之桥、渡水之筏，到处都是，无处不有。

"如果有比丘这样想道：色阴是我的，我有色阴。受、想、行、识阴是我的，我拥有这一切。那么，这位比丘就一定会被此执着所害，就像商人要被罗刹鬼吃掉。我能灵活巧妙地解说佛法教义，能使众人发露自己的过错而无所隐藏，善于护佑芸芸众生，不漏不缺任何一个，从鸟兽动物到人类、天神，就像跨河之桥、渡水之筏，到处都是，无处不有。像我这样能灵活巧妙地解说佛法教义，能使众人发露自己所犯的过错而无所隐藏，善于护佑芸芸众生，不漏不缺任何一个，从鸟兽动物到人类、天神，就像跨河之桥、渡水之筏，到处都是，无处不有。如果有比丘这样想：色阴不是我的，我没有色阴。受、想、行、识阴也不是我的，我没有这些。那么这位比丘就能安隐而去，就像商人乘駃马王安全可靠地渡至彼岸。我能灵活巧妙地解说佛法教义，能使众人发露自己的过错而无所隐藏，善于护佑芸芸众生，不漏不缺任何一个，从鸟兽动物到人类、天神，就像跨河之桥、渡水之筏，到处都是，无处不有。像我这样能灵活巧妙地解说佛法教义，能使众人发露自己所犯的过错而无所隐藏，善于护佑芸芸众生，不漏不缺任何一个，从鸟兽动物到人类、天神，就像跨河之桥、渡水之筏，到处都是，无处不有。

"如果有比丘这样想道：地是我的，我有地。水、火、风、空、识是我的，我有这一切。那么，这位比丘就一定会被此执着所害，就像那些商人要被罗刹鬼吃掉一样。我能灵活巧妙地解说佛法教义，能使众人发露自己的过错而无所隐藏，善于护佑芸芸众生，不漏不缺任何一个，从鸟兽动物到人类、天神，就像跨河之桥、渡水之筏，到处都是，无处不有。像我这样能巧妙灵活地解说佛法教义，能使众人发露自己所犯的过错而无所隐藏，善于护佑芸芸众生，不漏不缺任何一个，从鸟兽动物到人类、天神，就像跨河之桥、渡水之筏，到处都是，无处不有。如果有比丘这样想道：地不是我的，我没有地。水、火、风、空、识也不是我的，我没有这些。那么这位比丘就能安隐而去，就像那些商人乘着駃马王安全可靠地渡至彼岸。"于是，世尊说了这样一首偈颂：

> 如果不相信，佛说正法律，
>
> 此人必被害，如被罗刹吃。
>
> 如果有人信，佛说正法律，
>
> 必得安隐渡，如乘駃马王。

　　佛如此宣说，众位比丘听完后，高高兴兴地遵守奉行。

18　水喻经

——尊者解说五除恼，拯救众生不恚恼

原典

我闻如是：

一时，佛游舍卫国，在胜林给孤独园。

尔时，尊者舍梨子①告诸比丘："诸贤，我今为汝说五除恼法，谛听、谛听，善思念之。"彼诸比丘受教而听。

尊者舍梨子言："云何为五？诸贤，或有一人身不净行，口净行，若慧者见，设生恚恼，应当除之。复次，诸贤，或有一人口不净行，身净行，若慧者见，设生恚恼，应当除之。复次，诸贤，或有一人身不净行，口不净行，心少有净，若慧者见，设生恚恼，应当除之。复次，诸贤，或有一人身不净行，口意不净行，若慧者见，设生恚恼，应当除之。复次，诸贤，或有一人身净行，口意净行，若慧者见，设生恚恼，应当除之。

"诸贤，或有一人身不净行，口净行，若慧者见，设生恚恼，当云何除？诸贤，犹如阿练若[②]比丘持粪扫衣[③]，见粪聚中所弃弊衣，或大便污，或小便、涕、唾及余不净之所染污，见已，左手执之，右手舒张，若非大便、小便、涕、唾及余不净之所污处，又不穿者，便裂取之。如是，诸贤，或有一人身不净行，口净行，莫念彼身不净行也，但当念彼口之净行，若慧者见，设生恚恼，应如是除。

"诸贤，或有一人口不净行，身净行，若慧者见，设生恚恼，当云何除？诸贤，犹村外不远，有深水池，藁草所覆。若有人来，热极烦闷，饥渴顿乏，风热所逼，彼至池已，脱衣置岸，便入池中，两手披藁，恣意快浴，除热烦闷，饥渴顿乏。如是，诸贤，或有一人口不净行，身有净行，莫念彼口不净行，但当念彼身之净行。若慧者见，设生恚恼，应如是除。

"诸贤，或有一人，身不净行，口不净行，心少有净，若慧者见，设生恚恼，当云何除？诸贤，犹四衢道，有牛迹水。若有人来，热极烦闷，饥渴顿乏，风热所逼，彼作是念：此四衢道牛迹少水，我若以手以叶取者，则扰浑浊，不得除我热极烦闷、饥渴顿乏。我宁可跪，手膝拍地，以口饮水。彼即长跪，手膝拍地，以口饮水。

彼即得除热极烦闷，饥渴顿乏。如是，诸贤，或有一人，身不净行，口不净行，心少有净，莫得念彼身不净行，口不净行，但当念彼心少有净。诸贤，若慧者见，设生恚恼，应如是除。

"诸贤，或有一人，身不净行，口意不净行，若慧者见，设生恚恼，当云何除？诸贤，犹如有人远涉长路，中道得病，极困委顿，独无伴侣，后村转远，而前村未至。若有人来住一面，见此行人远涉长路，中道得病，极困委顿，独无伴侣，后村转远，而前村未至。彼若得侍人，从迥野中，将至村邑，与妙汤药，馈养美食，好瞻视者，如是此人病必得差。谓彼人于此病人，极有哀愍慈念之心。如是诸贤，或有一人，身不净行，口意不净行，若慧者见，便作是念：此贤身不净行，口意不净行。莫令此贤因身不净行，口意不净行，身坏命终，趣至恶处，生地狱中。若此贤得善知识者，舍身不净行，修身净行，舍口意不净行，修口意净行。如是此贤因身净行，口意净行④，身坏命终，必至善处，乃生天上。谓彼贤为此贤极有哀愍慈念之心。若慧者见，设生恚恼，应如是除。

"诸贤，或有一人，身净行，口意净行，若慧者见，设生恚恼，当云何除？诸贤，犹村外不远有好池水，既清且美，其渊平满，翠草被岸，华树四周。若有人来，热极烦闷，饥渴顿乏，风热所逼，彼至池已，脱衣置岸，便入池中，恣意快浴，除热烦闷，饥渴顿乏。如是诸贤，或有一人，身净行，口意净行，常当念彼身之净行，口意净行，若慧者见，设生恚恼，应如是除。诸贤，我向所说五除恼法者，因此故说。"

尊者舍梨子所说如是，诸比丘闻已，欢喜奉行。

（选自《中阿含经》卷五《舍梨子相应品·水喻经》第五）

注释

①**舍梨子**：即"舍利弗"，释迦牟尼的十大弟子之一。

②**阿练若**：梵文Ā raṇya 的音译，多作"阿兰若"，意译即寺院。

③**粪扫衣**：即"纳衣"，僧尼之服。佛教戒律规定：僧尼衣服应该用人们遗弃的破碎衣片缝纳而成，就像是人们所丢弃不用的垃圾破烂，故称。

④**身不净行，口意不净行……身净行，口意净行**：行即"业"，即造作意，指身心活动。佛家认为"净行"（善业）与"不净行"（恶业）会分别导致乐苦不同的果报，故提倡修"清净行"。业多分为三种：身业，指人的行动；语业（也称口业），指人的言语；意业，指人的思想活动。

译文

我曾听佛这样说过：

有一次，佛游化于舍卫国，住在胜林给孤独园。

那时，尊者舍利弗对众位比丘说道："诸位贤者，我现在为你们讲说五除烦恼的方法，请仔细听，并认真思考。"那些比丘接受了尊者的教诲，认真地在听。

尊者舍利弗道："什么叫作五呢？诸位贤者，假如有一个人身做不净之行为，口却能说清净真如之语，若被有智慧的人见到了，假设他生气发怒了，就应该除去。其次，诸位贤者，或者有一个人口里只说那些胡言乱语，但身却处清净之中，如果有智慧的人见了，假如他生气发怒了，那就应该除去。其次，诸位贤者，或者有一个人身做不净的行为，口中胡言乱语，不说符合真理的诚实之言，但心意还有一点儿清净，有智慧的人见了，假如生气发怒了，那就应该除去。其次，诸位贤者，或者有一个人，做不净的行为，口中胡言乱语，心中充满各种妄想的念头，被有智慧的人见到了，假如他生气发怒了，那就应该除去。其次，诸位贤者，或者有一个人身做清净的行为，且口说清净诚实之语，心性清净，没有妄想杂念，有智慧的人见了，假如生气发怒了，那就应该除去。

"诸位贤者，或者有一个人身做不净的行为，但口中却能说诚实清净之语，有智慧的人见了，假如生气发怒了，那么该怎么清除掉呢？诸位贤者，就像阿兰若的比丘拿着粪扫衣，见到粪堆之中有人们丢掉的坏衣服，已经被大便，或者小便，或者鼻涕、唾沫以及其他不干净的东西给污染弄脏了，于是就用左手拿起来，用右手把它展开，如果不是大便、小便、鼻涕、唾沫以及其他不干净的东西污染弄脏之处，又不再穿的话，就把它撕开，然后收起来。诸位贤者，就是像这样，如果有一个人身做不净的行为，但口中却还能道清净诚实之语，不要去想他身做不净的行为，要想他口中还能说诚实清净之语。有智慧的人见了，假如生气发怒了，就应该这么除去。

"诸位贤者，如果有一个人口中胡言乱语，不说诚实清净之话，其身做清净的行为，有智慧的人见了，假如生气发怒了，那么应该怎么清除掉呢？诸位贤者，就像离村子外面不远的地方，有一个很深的水池，池面被水草盖住了。如果来了一个人，他浑身躁热，心烦意乱，而且又饥又渴，非常疲劳，被热风逼着，他来到水池边，脱下衣服，扔在岸上，便跳入池中。他两手拨开水草，全身上下，洗得非常痛快，解除了躁热烦闷，饥渴疲乏。诸位贤者，就是像这样，如果有一个人口中胡言乱语，不说诚实清净之话，但其身却做清净的行为，就不要去想他口上在胡言乱语，不说诚实清净之话，要想他是身做清净的行为。有智慧的人见了，假设生气发怒，就应该这么除去。

"诸位贤者，如果有一个人，身做不净的行为，口上又胡言乱语，不说诚实清净之语，只是心意还稍有一点儿清净，没有太多妄想杂念，有智慧的人见了，假设生气发怒了，那么应该怎么清除掉呢？诸位贤者，就像大路中有牛的脚印，里面有水。如果有一个人来，他又热又闷，心烦意乱，而且又饥又渴，非常疲劳，被热风逼着，他心中想道：这大路只有那牛的脚印中有一点儿水，我如果以手去用树叶捧起来喝，那就把水给扰浑了，就不能消除我的闷热烦恼、饥渴疲乏。我不如跪下，用手和膝盖趴在地上，用口去喝水。于是他就长跪下去，手和膝都趴在地上，用口去喝水。立刻他就消除了躁热烦闷、饥渴疲乏。诸位贤者，就是像这样，如果有一个人，身做不净的行为，口上又胡言乱语，不说诚实清净之语，只是心意还稍有一点儿清净，没有太多妄想杂念，就不要老去想他是身做不净的行为，口上又胡言乱语，应该想到他的心意还稍有一点儿清净，没有太多的妄想杂念。诸位贤者，有智慧的人见了，假设生气发怒了，就应该这么除去。

"诸位贤者，如果有一个人，身做不净的行为，口上又胡言乱语，心中还充满了种种妄想杂念，有智慧的人见了，假设生气发怒了，应该如何除去呢？诸位贤者，就像有个人长途跋涉，半路上病了，极为疲乏，萎靡不振，孤独一人，无伴无侣，且又前不着村，后不着店的。如果有人来了，停在一边，见这个远行者长途跋涉，半路病了，极为疲乏，萎靡不振，孤独一人，无伴无侣，且又前不着村，后不着店的。如果能有一个人帮助他，把他从荒野之中带到村子里，给他吃好的汤药，美食佳肴，治疗护理，调养将息，那么，这个人的病就一定会好。这就是说，那个人对这个病人，极有同情怜愍之心。诸位贤者，就是像这样，如果有一个人，身做不净的行为，口上又是胡言乱语，心中还充满了种种妄想杂念，有智慧的人见了，心中这样想道：这位贤者因为身做不净的行为，口上又是胡言乱语，心中还充满了种种妄想杂念，身死命终就会投生恶处，到地狱里去。如果这位贤者能交上善于引导人走上菩提之道的好朋友，彻底抛弃身、口、意的不净之行，修习身、口、意的清净之行。如此，这位贤者因为身、口、意全部清净，身死命终一定会往生善处，升到天上。这就是说那位贤者对这位贤者充满了怜愍慈悲之心。有智慧的人见了，假如生气发怒了，就应该这么除去。

"诸位贤者，如果有一个人，身、口、意全都清净无秽，有智慧的人见了，假如生气发怒了，应该如何除去呢？就像离村外不远有一个很好的水池，池水又清又美，水面又平又满，岸边绿草苍翠，四周鲜花碧树。如果有一个人来到，他浑身热极，心中烦闷，又饥又渴，又累又乏，被热风逼着，他来到池边，脱下衣服，扔在岸上，立刻跳入水中，他在水里痛快地洗着，除去了全身的暑热、烦闷、饥渴、疲乏。诸位贤者，就是像这样，如果有一个人身、口、意全都清净无秽，常当思惟他的身、口、意全部清净无秽，有智慧的人见了，假如生气发怒了，就应该这么除去。诸位贤者，我以前讲过五除恼法的，所以现在又说。"

尊者舍利弗就是这么说的，众位比丘听了，高高兴兴地遵守奉行。

19 箭喻经

——应法应义佛宣说，非法非义佛不讲

原典

我闻如是：

一时，佛游舍卫国，在胜林给孤独园。

尔时，尊者鬘童子独安靖处，燕坐思惟。心作是念：所谓此见，世尊舍置除却，不尽通说。谓世有常，世无有常？世有底，世无底？命即是身，为命异身异？如来终，如来不终？如来终不终，如来亦非终亦非不终耶？我不欲此，我不忍此，我不可此。若世尊为我一向说世有常者，我从彼学梵行。若世尊不为我一向说世有常者，我当难诘彼，舍之而去。如是世无有常？世有底，世无底？命即是身，为命异身异？如来终，如来不终？如来终不终，如来亦非终亦非不终耶？若世尊为我一向说此是真谛，余皆虚妄言者，我从彼学梵行。若世尊不为我一向说此是真谛，余皆虚妄言者，我当难诘彼，舍之而去。

于是，尊者鬘童子则于晡时^①，从燕坐起，往诣佛所。稽首作礼，却坐一面，白曰："世尊，我今独安靖处，燕坐思惟。心作是念：所谓此见，世尊舍置除却，不尽通说。谓世有常，世无有常？世有底，世无底？命即是身，为命异身异？如来终，如来不终？如来终不终，如来亦非终亦非不终耶？我不欲此，我不忍此，我不可此。若世尊一向知世有常者，世尊，当为我说。若世尊不一向知世有常者，当直言不知也。如是世无有常？世有底，世无底？命即是身，为命异身异？如来终，如来不终？如来终不终，如来亦非终亦非不终耶？若世尊一向知此是真谛，余皆虚妄言者，世尊，当为我说。若世尊不一向知此是真谛，余皆虚妄言者，当直言不知也。"

世尊问曰："鬘童子，我本颇为汝如是说世有常，汝来从我学梵行耶？"

鬘童子答曰："不也，世尊。"

"如是世无有常？世有底，世无底？命即是身，为命异身异？如来终，如来不终？如来终不终，如来亦非终亦非不终耶？我本颇为汝如是说此是真谛，余皆虚妄言，汝来从我学梵行耶？"

鬘童子答曰："不也，世尊。"

"鬘童子，汝本颇向我说，若世尊为我一向说世有常者，我当从世尊学梵行耶？"

鬘童子答曰："不也，世尊。"

"如是世无有常？世有底，世无底？命即是身，为命异身异？如来终，如来不终？如来终不终，如来亦非终亦非不终耶？鬘童子，汝本颇向我说，若世尊为我一向说此是真谛，余皆虚妄言者，我当从世尊学梵行耶？"

鬘童子答曰："不也，世尊。"

世尊告曰："鬘童子，我本不向汝有所说，汝本亦不向我有所说，汝愚痴人，何故虚妄诬谤我耶？"

于是，尊者鬘童子为世尊面呵责数，内怀忧戚，低头默然，失辩无言，如有所伺。

于是，世尊面呵鬘童子已，告诸比丘："若有愚痴人作如是念：若世尊不为我一向说世有常者，我不从世尊学梵行，彼愚痴人竟不得知，于其中间而命终也。如是世无有常？世有底，世无底？命即是身，为命异身异？如来终，如来不终？如来终不终，如来亦非终亦非不终耶？若有愚痴人作如是念：若世尊不为我一向说此是真谛，余皆虚妄言者，我不从世尊学梵行。彼愚痴人竟不得知，于其中间而命终也。

"犹如有人身被②毒箭，因毒箭故，受极重苦。彼见亲族怜念愍伤，为求利义饶益安隐，便求箭医。然彼人者方作是念：未可拔箭！我应先知彼人如是姓、如是名、如是生？为长短粗细？为黑白不黑不白？为刹利族、梵志、居士、工师族③，为东方、南方、西方、北方耶？未可拔箭！我应先知彼弓为柘④、为桑、为槻⑤、为角耶？未可拔箭！我应先知弓扎，彼为是牛筋、为獐鹿筋、为是丝耶？未可拔箭！我应先知弓色为黑、为白、为赤、为黄耶？未可拔箭！我应先知弓弦为筋、为丝、为纻⑥、为麻耶？未可拔箭！我应先知箭簳⑦为木、为竹耶？未可拔箭！我应先知箭缠⑧为是牛筋、为獐鹿筋、为是丝耶？未可拔箭！我应先知箭羽为飘鷉⑨毛、为雕鹫毛、为鹝鸡⑩毛、为鹤毛耶？未可拔箭！我应先知箭镝⑪为鈚⑫、为矛、为铍刀⑬耶？未可拔箭！我应先知作箭镝师如是姓、如是名、如是生、为长短粗细？为黑白不黑不白？为东方、西方、南方、北方耶？彼人竟不得知，于其中间而命终也。

"若有愚痴人作如是念：若世尊不为我一向说世有常者，我不从世尊学梵行。彼愚痴人竟不得知，于其中间而命终也。如是世无有常？世有底，世无底？命即是身，为命异身异？如来终，如来不终？如来终不终，如来亦非终亦非不终耶？若有愚痴人作如是念：若世尊不为我一向说此是真谛，余皆虚妄言者，我不从世尊学梵行。彼愚痴人竟不得知，于其中间而命终也。

"世有常，因此见故，从我学梵行者，此事不然。如是世无有常？世有底，世无底？命即是身，为命异身异？如来终，如来不终？如来终不终，如来亦非终亦非不终耶？因此见故，从我学梵行者，此事不然。世有常，有此见故，不从我学梵行者，此事不然。如是世无有常？世有底，世无底？命即是身，为命异身异？如来终，如来不终？如来终不终，如来亦非终亦非不终耶？有此见故，不从我学梵行者，此事不然。

"世有常，无此见故，从我学梵行者，此事不然。如是世无有常？世有底，世无底？命即是身，为命异身异？如来终，如来不终？如来终不终，如来亦非终亦非不终耶？无此见故，从我学梵行者，此事不然。世有常，无此见故，从我学梵行者，此事不然。如是世无有常？世有底，世无底？命即是身，为命异身异？如来终，如来不终？如来终不终，如来亦非终亦非不终耶？无此见故，不从我学梵行者，此事不然。

"世有常者，有生有老，有病有死。愁戚啼哭，忧苦懊恼。如是，此淳大苦阴⑭生。如是世无常？世有底，世无底？命即是身，为命异身异？如来终，如来不终？如来终不终，如来亦非终亦非不终者？有生有老，有病有死，愁戚啼哭，忧苦懊恼，如是此淳大苦阴生。

"世有常，我不一向说此。以何等故，我不一向说此？此非义相应，非法相应，非梵行本，不趣智，不趣觉，不趣涅槃。是故，我不一向说此。如是世无常？世有底，世无底？命即是身，为命异身异？如来终，如来不终？如来终不终，如来亦非终亦非不终？我不一向说此。以何等故，我不一向说此？此非义相应，非法相应，非梵行本，不趣智，不趣觉，不趣涅槃。是故，我不一向说此也。何等法我一向说耶？此义我一向说：苦、苦集、苦灭、苦灭道迹，我一向说。以何等故，我一向说此？此是义相应，是法相应，是梵行本，趣智、趣觉、趣于涅槃。是故我一向说此。是为不可说者则不说，可说者则说。当如是持，当如是学。"

佛说如是，彼诸比丘闻佛所说，欢喜奉行。

（选自《中阿含经》卷六十《例品·箭喻经》第十）

注释

①**晡时**：申时，即午后三时至五时。

②**被**：遭受。

③**刹利族、梵志、居士、工师族**：刹利即刹帝利，为古印度四姓中的第二姓，亦为王族或武士的总称。梵志即指婆罗门，为四种姓中的第一姓，乃指婆罗门教僧侣及学者之司祭阶级。居士、工师即吠舍，指手工匠人、艺人，为四种姓中的第三姓。

④**柘**：落叶灌木或乔木。叶子可以喂蚕，木材中心

为黄色，质坚而致密，是贵重的木料。

⑤槻：常绿乔木。木理美，质坚韧，可做弓材。

⑥绖：用苎麻纤维织的布。这里指苎麻纤维。

⑦箭簳：箭杆。

⑧箭缠：将箭缠起来所用之物。

⑨飘鹛：应作"鹮鹛"。鹛为鸟名，鹮为鸟飞翔。

⑩鸲鸡：似鹤的一种鸟。

⑪箭镝：箭头。

⑫钺：一种较薄而阔的箭头。

⑬铍刀：一种长矛。

⑭淳大苦阴：苦阴为人身之代称，因人身为五阴和合而成。淳大苦阴即指充满了巨大痛苦的人。

译文

我曾听佛这样说过：

有一次，佛游化于舍卫国，在胜林给孤独园。

那时，尊者鬘童子正独处于安静之所，静坐思惟。他这样想道：有一些问题的看法，世尊都舍弃丢开，没有全部详细解说。世界是有常的，还是无常的？世界是有边的，还是无边的？生命就是肉体吗？生命与肉体是同一物，还是不同物？如来死后存在吗，如来死后不存在？如来死后亦存在亦不存在，如来死后亦非存在亦非不存在？我不想要世尊这样默然不答，我无法再忍受下去了。如果世尊一直为我讲说世界是有常的话，那我就跟他学习清净之行。如果世尊不能一直为我讲说世界有常的话，那我就要去问难他，并离开他。就像这样，世界是有常的，还是无常的？世界是有边的，还是无边的？生命就是肉体吗？生命与肉体是同一物，还是不同物？如来死后存在吗，如来死后不存在？如来死后亦存在亦不存在，如来死后亦非存在亦非不存在？如果世尊一直对我说这些都是真谛，其他均为虚妄不实之语的话，那么我就向他学习清净之行。如果世尊不能一直对我讲说这些都是真谛，其余均为虚妄不实之语的话，我就要去问难他，并离开他。

于是，尊者鬘童子在晡时之刻，就从静坐中站起，前往佛陀所在之处。他向世尊叩首行礼，然后退到一边坐下，对世尊道："世尊，我刚才独处安静之所，静坐思惟。我这样想道：有一些问题的看法，世尊都舍弃丢开了，没有全部详细讲说。世界是有常的，还是无常的？世界是有边的，还是无边的？生命就是肉体吗？生命与肉体是同一物，还是不同物？如来死后存在吗，如来死后不存在？如来死后亦存在亦不存在，如来死后亦非存在亦非不存在？我不想要世尊这样默然不答，我无法再忍受下去了。如果世尊一向知道世界是有常的，那么，您就应当为我讲说。如果世尊一直不知道世界是有常的话，那么，您就应该直言不讳地说不知道。就像这样，世界是有常的，还是无常的？世界是有边的，还是无边的？生命就是肉体吗？生命与肉体是同一物，还是不同物？如来死后存在吗，如来死后不存在？如来死后亦存在亦不存在，如来死后亦非存在亦非不存在？如果世尊一向知道这是真谛，其余均为虚妄不实之语的话，那么您就应当为我讲说。如果世尊一直不知道这是真谛，其余均为虚妄不实之语的话，那么就应该直言不讳地说不知道啊。"

世尊问道："鬘童子，如果我本来一直为你讲说世界有常的话，你会来跟我学习梵行吗？"

鬘童子答道："不会的啊！世尊。"

世尊接着又问道："就像这样，世界是恒常的，还是无常的？世界是有边的，还是无边的？生命就是肉体吗？生命与肉体是同一物，还是不同物？如来死后存在吗，如来死后不存在？如来死后亦存在亦不存在，如来死后亦非存在亦非不存在？如果我本来一直对你这么说，这是真谛，其余均为虚妄不实之语的话，你会来跟我学习梵行吗？"

鬘童子答道："不会的啊！世尊。"

世尊接着又问："鬘童子，你本来不是再三对我说，如果世尊一直对我讲说世界是有常的话，我会跟从世尊学习梵行的吗？"

鬘童子答道："没有啊！世尊。"

世尊接着又道："就像这样，世界是有常的，还是无常的？世界是有边的，还是无边的？生命就是肉体吗？生命与肉体是同一物，还是不同物？如来死后存在吗，如来死后不存在？如来死后亦存在亦不存在，如来死后亦非存在亦非不存在？鬘童子，你原来不是多次对我说，如果世尊一直对我说这是真谛，其余均为虚妄不实之语的话，我就跟从世尊学习梵行的吗？"

鬘童子答道："没有啊！世尊。"

世尊对他道："鬘童子，我本来就没对你说什么，你本来也没有对我说什么，你这个愚昧无知的人，为什么胡说八道诬蔑诽谤我呢？"

于是，鬘童子被世尊这样当面斥责了几次后，心怀忧伤，低头默不作声，无言辩驳，又好像在等待时机。

于是，世尊当面斥责了鬘童子之后，告诉众位比丘："如果有愚昧无知之人这么想：如果世尊一直不对我说世界是有常的话，我就不跟从世尊学习梵行，那个愚昧无知的人竟然都不能明白，就在此之间，他会一命呜呼。就像这样，世界是有常的，还是无常的？世界是有边的，还是无边的？生命就是肉体吗？生命与肉体是同一物，还是不同物？如来死后存在吗，如来死后不存在？如来死后亦存在亦不存在，如来死后亦非存在亦非不存在？如果有个愚昧无知的人这么想：如果世尊不一直为我说这是真谛，其余均为虚妄不实之语的话，那么我就不跟从世尊学习梵行。那个愚昧无知的人竟然不知道，就在此之间，他将一命呜呼。

"就像有个人中了毒箭，受了剧毒，所以极为痛苦。他的亲人见此情景，十分同情怜悯他，为了能使他脱离痛苦，便帮他去寻找箭医。但那个人却这么想道：不能拔箭！我应先知道那个射箭的人姓什么，名什么，长得什么样？是高是矮，是胖是瘦？是黑是白，还是不黑也不白？是否出身刹帝利族，是梵志，还是居士，还是工匠？是住在东方、南方，还是西方、北方？不能拔箭！我要先知道他的弓是用柘木做的，还是用桑木做的？是用槻做成的，还是用角做成的？不能拔箭！我要先知道扎弓用的是牛筋，还是獐鹿筋，还是丝线？不能拔箭！我要先知道他的弓的颜色，是黑、是白、是红，还是黄？不能拔箭！我要先知道他的弓弦是用筋做成的，还是用丝、用纻，还是用麻做成的？不能拔箭！我要先知道箭杆是木头的，还是竹子的？不能拔箭！我要先知道箭缠用的是牛筋、獐鹿筋，还是用的丝绳？不能拔箭！我要先知道那箭羽是鹲鶡毛、雕鹫毛，还是鸧鸡毛，或者是鹤毛？不能拔箭！我要先知道箭镝是用钍、用矛，还是用铍刀做的？不能拔箭！我要先知道造箭镝的工匠姓什么，叫什么，长得什么样子？是高是矮，是胖是瘦？是黑是白，还是不黑不白？是住在东方、南方，还是西方、北方？那个人竟然不明白，就在此过程中，他就得一命呜呼了。

"如果有愚昧无知之人这么想：如果世尊不一直为我说世界是有常的话，我就不跟从世尊学习梵行。那个愚昧无知的人竟然不能明白，就在此之间，他会一命呜呼。就像这样，世界是有常的，还是无常的？世界是有边的，还是无边的？生命就是肉体吗？生命与肉体是同一物，还是不同物？如来死后存在吗，如来死后不存在？如来死后亦存在亦不存在，如来死后亦非存在亦非不存在？如果有愚昧无知之人这么想道：如果世尊不一直对我说，这是真谛，其余均为虚妄不实的话，我就不跟从世尊学习梵行。那个愚昧无知之人竟然不能明白，就在此之间，他就一命呜呼了。

"世界是有常的，因持此见从而跟我学习梵行的话，这事就不对了。就像这样，世界是恒常的，还是无常的？世界是有边的，还是无边的？生命就是肉体吗？生命与肉体是同一物，还是不同物？如来死后存在吗，如来死后不存在？如来死后亦存在亦不存在，如来死后亦非存在亦非不存在？因为持此见而跟我学习梵行的话，这事就不对了。世界是有常的，因持此见从而不跟我学习梵行的话，此事就不对了。就像这样，世界是有常的，还是无常的？世界是有边的，还是无边的？生命就是肉体吗？生命与肉体是同一物，还是不同物？如来死后存在吗，如来死后不存在？如来死后亦存在亦不存在，如来死后亦非存在亦非不存在？因持此见从而不跟我学习梵行的话，这事就不对了。

"世界是有常的，没有此见解所以跟我学习梵行的话，这事就不对了。就像这样，世界是有常的，还是无常的？世界是有边的，还是无边的？生命就是肉体吗？生命与肉体是同一物，还是不同物？如来死后存在吗，如来死后不存在？如来死后亦存在亦不存在，如来死后亦非存在亦非不存在？没有此见解所以跟我学习梵行的话，这事就不对了。世界是有常的，没有此见解所以不跟我学习梵行的话，这事就不对了。就像这样，世界是有常的，还是无常的？世界是有边的，还是无边的？生命就是肉体吗？生命与肉体是同一物，还是不同物？如来死后存在吗，如来死后不存在？如来死后亦存在亦不存在，如来死后亦非存在亦非不存在？因为没有此见解，所以不跟我学习梵行的话，这事就不对了。

"世界如果是有常的话，就有生老病死，就有忧愁啼哭，就有痛苦烦恼。如此，就有了这充满了痛苦的人身。就像这样，世界是无常的？世界是有边的，还是无边的？生命就是肉体吗？生命与肉体是同一物，还是不同物？如来死后存在吗，如来死后不存在？如来死后亦存在亦不存在，如来死后亦非存在亦非不存在？如此就有生老病死，就有忧愁啼哭，就有痛苦烦恼。如此，就有了这充满了巨大痛苦的人身。

　　"世界是有常的，我一直不说这个。为什么我一直不说这个？因为这不合教义，不合佛法，不是清净之行的根本，不能得到智慧，不能证得觉悟，不能通向涅槃。所以，我一向不说这个。就像这样，世界是无常的？世界是有边的，还是无边的？生命就是肉体吗？生命与肉体是同一物，还是不同物？如来死后存在吗，如来死后不存在？如来死后亦存在亦不存在，如来死后亦非存在亦非不存在？我一直不说这个。为什么我一直不说这个呢？因为这不合教义，不合佛法，不是清净之行的根本，不能得到智慧，不能证得觉悟，不能通向涅槃。所以，我一直不说这个。那么我一直以来说的是什么法呢？我一直说的就是关于苦、苦的原因、苦的消灭和灭苦的方法，这些都是我一直宣说的。为什么我要一直宣说这些呢？因为这些符合教义，符合佛法，是清净之行的根本，能从此中得到智慧，证得觉悟，走向涅槃。所以我一直为大众宣讲。这就叫不能说的就不说，能说的就说。应该这样受持，必须如此学习。"

佛是这样说的，众位比丘听完佛所说的，高高兴兴地遵守奉行。

20 贫穷经

——世间多有贫穷者，佛于圣法譬喻说

我闻如是：

一时，佛游舍卫国，在胜林给孤独园。

尔时，世尊告诸比丘："世有欲人贫穷，为大苦耶？"

诸比丘白曰："尔也，世尊。"

世尊复告诸比丘曰："若有欲人贫穷举贷他家财物，世中举贷他家财物，为大苦耶？"

诸比丘白曰："尔也，世尊。"

世尊复告诸比丘曰："若有欲人举贷财物，不得时还，曰长息。世中长息，为大苦耶？"

诸比丘白曰："尔也，世尊。"

世尊复告诸比丘曰："若有欲人长息不还，财主责索。

世中财主责索，为大苦耶？"

诸比丘白曰："尔也，世尊。"

世尊复告诸比丘曰："若有欲人财主责索，不能得偿，财主数往至彼求索。世中财主数往至彼求索，为大苦耶？"

诸比丘白曰："尔也，世尊。"

世尊复告诸比丘曰："若有欲人，财主数往至彼求索，彼故不还，便为财主之所收缚。世中为财主收缚，为大苦耶？"

诸比丘白曰："尔也，世尊。"

"是为世中有欲人贫穷是大苦，世中有欲人举贷财物是大苦，世中有欲人举贷长息是大苦，世中有欲人财主责索是大苦，世中有欲人财主数往至彼求索是大苦，世中有欲人为财主收缚是大苦。如是若有于此圣法之中，无信于善法，无禁戒、无博闻、无布施、无智慧于善法，彼虽多有金、银、琉璃、水晶、摩尼、白珂、螺璧、珊瑚、琥珀、玛瑙、玳瑁、砗磲、碧玉、赤石、琁珠①，然彼故贫穷，无有力势，是我圣法中说不善贫穷也。

"彼身恶行，口意恶行②，是我圣法中说不善举贷也。彼欲覆藏身之恶行，不自发露，不欲道说，不欲令人呵责，不顺求。欲覆藏口意恶行，不自发露，不欲道说，不欲令人呵责，不顺求，是我圣法中说不善长息也。彼或行村邑及村邑外，诸梵行者见已，便作是说：'诸贤，此人如是作，如是行，如是恶，如是不净，是村邑刺。'彼作是说：'诸贤，我不如是作，不如是行，不如是恶，不如是不净，亦非村邑刺。'是我圣法中说不善责索也。

"彼或在无事处，或在山林树下，或在空闲居，念三不善③念——欲念、恚念、害念，是我圣法中说不善数往求索也。彼作身恶行，口意恶行，彼作身恶行，口意恶行已，因此缘此，身坏命终，必至恶处，生地狱中，是我圣法中说不善收缚也。我不见缚更有如是苦，如是重，如是粗，如是不可乐，如地狱、畜生、饿鬼缚也。此三苦缚，漏尽阿罗诃比丘已知灭尽，拔其根本，永无来生。"于是世尊说此颂曰：

世间贫穷苦，举贷他钱财；
举贷钱财已，他责为苦恼。
财主往求索，因此收系缚；
此缚甚重苦，世间乐于欲。
于圣法亦然，若无有正信；
无惭及无愧，作恶不善行。
身作不善行，口意俱亦然；
覆藏不欲说，不乐正教诃。
若有数数行，意念则为苦；

或村或静处，因是必有悔。

身口习诸行，及意之所念；

恶业转增多，数数作复作。

彼恶业无慧，多作不善已；

随所生毕讫，必往地狱缚。

此缚最甚苦，雄猛④之所离；

如法得财利，不负得安隐。

施与得欢喜，二俱皆获利；

如是诸居士，因施福增多。

如是圣法中，若有好诚信；

具足成惭愧，庶几无悭贪。

已舍离五盖⑤，常乐行精进；

成就诸禅定，满具常安乐。

已得无食乐，犹如水浴净；

不动心解脱，一切有结⑥尽。

无病为涅槃，谓之无上灯⑦；

无忧无尘安，是说不移动。

佛说如是，彼诸比丘闻佛所说，欢喜奉行。

（选自《中阿含经》卷二十九《大品·贫穷经》第九）

注释

①**金、银、琉璃、水晶……璇珠**：为金银财宝、碧玉珍石之类，故译时概之。

②**身恶行，口意恶行**：即"三恶行"。

③**三不善**：也称"三不善根"，即贪、嗔、痴三毒。

④**雄猛**：此处意指坚定勇敢之人。

⑤**五盖**：即贪欲盖、嗔恚盖、睡眠盖、掉悔盖、疑法盖。"盖"为覆盖之义。此五法能覆盖修行者之心性，使其清净善心不得开发。

⑥**一切有结**：即一切烦恼。

⑦**无上灯**：涅槃的总名。为其能照破烦恼之昏暗。

译文

我曾听佛这样说过：

有一次，佛游化于舍卫国，在胜林给孤独园。

当时，世尊问众位比丘道："世上有贪欲的人如果很穷，他一定很痛苦吧？"

众位比丘答道："是啊，世尊。"

世尊又问众位比丘："如果这个贪欲的人很穷，就向他人借很多财物。世上借别人家财物是很痛苦吧？"

众位比丘答道："是啊，世尊。"

世尊又问众位比丘："如果有欲之人向人借财物，但又不能按期归还时，就需要付出很大的利息。世上要是还高利息是很痛苦的吧？"

众位比丘答道："是这样啊，世尊。"

世尊又问众位比丘道："如果有欲之人还不起很高的利息，财主就会上门责问索债。世上被财主责问索债，是很大的痛苦吧？"

众位比丘答道："是这样啊，世尊。"

世尊又问众位比丘道："如果有欲之人被财主责备索债，但却无力偿还，于是财主多次上门讨债。世上被财主多次上门讨债，是很痛苦的吧？"

众位比丘答道："是这样啊，世尊。"

世尊又问众位比丘道："如果那有欲之人多次被财主上门讨债，但他却一直不还，于是就被财主捆绑捉去。世上要是被财主捆绑捉去，是很痛苦的吧？"

众位比丘答道："是这样啊，世尊。"

世尊又对众位比丘道："这就是世上有贪欲的人贫穷，极为痛苦。世上有贪欲的人向别人借财物，极为痛苦。世上有欲之人借了人家的财物要付很高的利息，极为痛苦。世上有欲之人被财主责备索债，极为痛苦。世上有欲之人被债主多次上门讨债，极为痛苦。世上有欲之人被财主捆绑捉去，极为痛苦。就像这样，如果有人身在此圣法之中却不信于善法，不守禁戒，不广见博闻，也不布施，对善法根本不懂，无智无慧，这人虽然有很多金银财宝、珍玉奇石，他也一直是个穷人，没有力量。如此在我的圣法中我就宣说不善贫穷。

"彼身行恶，口意行也恶，如此在我的圣法中就宣说不善举贷。他想隐藏身之恶行，不自己发露所犯的过错，也不想听闻道法，又不愿接受他人的指责，不顺从于道法。他想掩盖口意之恶行，不自己发露所犯的过错，不想听闻道法，也不愿接受他人的指责，但又不顺从于道法，如此在我的圣法中就宣说不善长息。此人有时行走于村镇之内，有时闲逛于村镇之外，修习清净梵行的众人见后便如此道：'众位贤者，此人如此做法，此人如此行事，此人如此之恶，此人如此不净。此人是村镇之祸，有害于村镇。'他却如此道：'众位贤者，我不是如此做法，我不是如此行事，我不是如此之恶，我不是如此不净。我也不是村邑之祸，我也无害于村邑。'如此在我的圣法之中就宣说不善责索。

"他有时在无事之处，有时在山林树下，有时在空闲无人居处，他念三不善念——念欲望，念瞋恚，念害人。如此在我的圣法之中就宣说不善多次上门讨债。那人身做恶行，口意也做恶行。他身、口、意皆做恶行的结果是，由于此因缘，他身死命终后，一定要堕入恶处，堕到地狱中去。如此在我的圣法之中就宣说不善收缚。我没有见过捆绑系缚还会有这么苦，有这么重，有这么粗，有这么痛苦的，就像捆绑系地狱、饿鬼、畜生啊。这三苦之缚，唯有阿罗汉比丘才能以圣智断尽烦恼，拔其根本，涅槃解脱，永不再轮回于生死。”于是世尊说了这样一首偈颂道：

> 世间贫穷为大苦，唯有借人之钱财；
> 借完钱财用过后，被人逼债极苦恼。
> 债主多次来讨债，从而被捆而带走；
> 捆缚很重很痛苦，世间贪于欲之人。
> 对于圣法也如此，如果不具备正信；
> 无惭无愧无羞耻，作恶多端行不善。
> 身做不善的行为，说话意念亦不善；
> 掩盖隐藏不发露，不喜他人正教诲。
> 如果多次如此行，心中则觉是痛苦；
> 过村过城过静处，如此心中必后悔。
> 身口学习诸恶行，以及心意之所念；
> 恶业辗转又增多，恶行反复多次做。
> 他有恶业无智慧，多行恶业之结果；
> 身死命终呜呼时，必堕地狱被绑缚。
> 此缚才是最痛苦，雄猛之士之所离；

按法获得大财利，不欠他人能安隐。

施舍给与得欢喜，双方皆获大利益；

如此众位优婆塞，因为施舍福增多。

如此在我圣法中，若有诚信不虚者；

具足成就心惭愧，无悭无贪行好事。

如此舍离于五盖，常乐常喜行精进；

成就寂静诸禅定，一切圆满常安乐。

已得无食之欢乐，犹如水洗清净身；

所有不动心解脱，一切烦恼全除尽。

无病无痛为涅槃，此即涅槃无上灯；

无忧无虑无尘安，此即叫作不移动。

佛就是这么说的，众位比丘听了佛所说的话，高高兴兴遵守奉行。

源流

一切有部的经藏巨著

《中阿含经》是小乘经典，属说一切有部。

释迦牟尼佛创建了佛教，被尊为世尊。佛陀在世及入灭后的一百年间，在印度佛教史上，被称作"原始佛教"阶段。大约在佛灭一百年后的四百年间，即约公元前四世纪到前一世纪，原始佛教时期统一的佛教教团产生了分裂，形成了各种不同的派别。故被称作"部派佛教"时期。教团分裂是由于佛教内部对教义和戒律的看法有分歧。教团最初分裂形成为两大派——大众部和上座部，被称作"根本二部"。后来上座部和大众部又不断产生分裂，先后形成了十八部或二十部，被称为"枝末部派"。

说一切有部即是上座部各派中形成较早并且是最大的一个派别。所谓"说一切有"，就是承认精神和物质的存在，承认一切都存在。从时间观念来说，就是承认过去、现在和将来的一切都是普遍存在着的，即"三世实有"。这一派又把佛所说的、散见于各种经典中的零星说法加以系统化，按对客观世界和人的主观认识作用归纳为色法、心法、心所法、心不相应行、无为法等五大类。又对其中每一类加以细微的分析，形成五位七十五分法。它力图把世界和人生凝结在这种分类上，并通过这种分类把佛教践行定型化。

说一切有部特别愿意用阿毗昙的形式发挥佛教的思想，代表性著作有《阿毗达磨发智论》（即僧伽提婆早期所译的《阿毗昙八犍度论》），还有注释此论的如《法蕴足论》《集异门足论》等六论，后来又形成庞及二百卷的《大毗婆沙论》。总之，说一切有部以善著论（阿毗达磨）书而出名，并以群体论系的形式，将早期佛教的共同观点概括起来，形成了一个完整的哲学思想体系，对此后的佛教哲学，有着深远的影响。

因说一切有部的哲学是整个早期佛教的理论总结，所以被认为是小乘佛教的真正理论代表。又因说一切有部拥有丰富的论藏，其典籍得以流传下来，所以在上座部佛教乃至小乘佛教中具有重要的地位。

　　说一切有部开始在舍卫城、江绕城和摩偷罗活动，后逐渐转向西北，主要集中在印度西北的迦湿弥罗和犍陀罗一带活动。迦湿弥罗即罽宾，前者为新译，后者乃旧称。罽宾地处印度之西北，孤立于群山之中，与外国交通颇不方便。相传在阿育王时，佛教在此得以弘化，所传为上座部，演化而发展为说一切有部，极为发达。所以罽宾可说是说一切有部的故乡，这里的佛教在三世纪下半叶到五世纪中的一百五十余年中，一直保持着高水准的发展。中国自西汉以来，就与罽宾相通，但因当时罽宾比较保守，诸论等圣典，都以铜鍱镂写，石函封固，藏于塔中，并派专人守护，所以罽宾佛学难弘中土。

　　至西晋，其佛学才陆续传入汉地。如竺法护译的《贤劫经》，其原本即得自罽宾沙门。另一位在中国北方大弘佛教的名僧天竺佛图澄，就曾两度到罽宾学法。到苻坚统一中国北方，与西域的交通畅达无阻后，罽宾沙门遂群集长安，说一切有部的经律论开始在中土译出。更因为当时佛教界领袖道安对译经事业的护持、赞助，而"安公主持译事，其所出以有部之学为最著"。所以，道安的时代，说一切有部之学在中土大传。

　　僧伽提婆是在中土译传一切有部的大家。他出生在罽宾，在"有部"之故乡，作为学通三藏的高僧来华弘传"有部"之学，被认为是第一位。《祐录》^①卷八僧叡《毗摩罗诘提经义疏序》就说："自提婆以前，天竺义学之僧并无来者。"而当他组织重译《中阿含经》时，那位手执梵本，口讲《中阿含经》的僧伽罗叉也是罽宾人。他除与提婆合作译出《中阿含经》外，还曾在东晋译经大家鸠摩罗什谢世后，续成《十诵律》六十一卷。这是佛教戒律书，是说一切有部的根本戒律。从此中，可见僧伽罗叉也是有部的一位大师。

最初译《中阿含经》的昙摩难提虽非罽宾之僧，但他所出生的兜佉勒也属当时说一切有部的势力范围。除《中》《增一》两阿含以外，他先后译出的《毗昙心》《三法度》等，都是说一切有部毗昙学的经典，可见，这也是一位有部的大师。

《中阿含经》从创译到最后定本，三位译师都属一切有部之学，故《中阿含经》出一切有部可以成立。

如前所述，《阿含经》中保存了很多原始佛教的内容，有基本的教义、基本的理论，还有释迦牟尼佛活动的行踪、佛陀教团传法的活动。而其与说一切有部的"阿毗昙"^②形式上的区别是，一为经藏，一为论藏。而具体落实到《中阿含经》与"阿毗昙"的话，同作为有部的经典，一通过"经"的形式，一通过"论"的形式来体现有部的哲学思想、理论基础。

单本集成的丛书与早期译经的单本零译

如前所述，《阿含经》是由许多部小经累集而成的。每一部小经就是释迦牟尼佛一次说法的实录，是通过大弟子们回忆讲述而成，所以每一小经总是以"如是我闻"开始，然后交代是在什么地方、什么时间、向什么人讲说什么等内容。每一部小经都是一个独立的整体，佛陀的宗教思想和宗教理论正是通过这一部一部的小经从而从多方面得到了阐述。《中阿含经》自也如此，而且各部经文文字的长短比较适中。这种独立成篇的特色决定了《阿含经》有许多别出异译。我们只说《中阿含经》。

根据梁启超先生所考③，在东晋以前，《中阿含经》中的个别小本经就被介绍进来。如最初的译经大师东汉的安世高就译有《四谛经》等六部。有"支郎眼中黄，形躯虽细是智囊"④ 之誉，"三支"之一的三国吴时的支谦，也译有《诸法本经》《弊魔试目连经》等七部。西晋的一位主要译家法炬译有《顶生王故事经》等六部。而中国早期译经史上最有成就的译经家，西晋的竺法护也曾译有《离睡经》《意经》等六部。还有其他译师所译的一些零篇。可见，在僧伽提婆以前，或者说在昙摩难提创译《中阿含经》之前，总之，在《中阿含经》以丛书体裁形式正式出现之前，其一些精彩的单篇就已在中土流传。这主要是因为中国初期的译经，相当部分都是介绍佛教基本教义，反映原始佛教的内容，而《中阿含经》作为"四阿含"之一，正是由五百弟子"集结"，由阿难所诵，然后大家"合诵"认可，从而形成的最初的"经藏"的一部分，其中保存着当时人们所希望了解的有关原始佛教的许许多多。

自从僧伽提婆重译《中阿含经》后，其单篇零译的现象要比此前少得多了。偶尔有些名篇，曾有再译，如《箭喻经》一卷，东晋失译者名。又如《鹦鹉经》所述有个名叫鹦鹉摩牢兜罗的人，佛陀尝于此家乞食，为其说法的过程。西晋曾有失译的单本《兜调经》，后在《中阿含经》中译有《鹦鹉经》两部，记述佛陀两次为鹦鹉摩纳都提子说法的过程，一在三十八卷，一在四十三卷。刘宋时，著名译师求那跋陀罗又重译有单篇的《鹦鹉经》，比《中阿含经》中的两部《鹦鹉经》要简洁而明练，故为后世所传。

正如梁启超先生所言："《阿含》之实为丛书性质，实合多数之单行本小经而成。彼土亦各别诵习。"⑤ 既是各别诵习的单行本小经，所以又以单行本的形式被翻译进来，也就不足为奇了。特别是译经初期，"初期大译经家安世高、支谦、法护、法炬之流，百余年间，皆从事于此种单行本之翻译"⑥，这是《中阿含经》，也可以说是四部北传《阿含经》多有单经零本翻译的原因，其中尤以《中阿含经》为甚。然而总地说来，在四部阿含定本完成以后，这种现象就相对少见了。

中国佛教的主要基石

中国主要弘传的是大乘佛教，提倡修习菩萨行，大慈大悲，普度众生，成佛度世，共建佛国净土。故而隋唐以后，学习佛教、研究佛教对小乘不够重视，故而对《阿含经》也不够重视。"《阿含》束阁，盖千年矣。"⑦所以，要清晰、系统地论述与《中阿含经》有关的历史发展，是相当困难的。另外，更因《中阿含经》为单本集成的性质，其涉及面很广，但系统性则欠。所以当我们在此要论述其"源流"问题时，着重点主要要放在《中阿含经》乃至《阿含经》一类的原始佛教经典对佛教在印度、在中国，乃至整个佛教史上所起的作用上面。

我们简略地从以下三方面论述：

真正为佛所说之经

人们通常将佛教经典分成经、律、论，即所谓"三藏"。这是一个庞大的部分，据汉文佛教典籍的总集《大藏经》所收经籍，卷帙浩瀚达两万卷以上。这还不算，另外还有不少在流传中佚失或被淘汰的。然而，在数量如此庞大的佛典中，真正称得上是释迦牟尼佛所作的只是很小的部分，更多的是后人假托佛的名义编的经、律、论，后人论释教义的各种论著，以及种种史书等。佛经是在佛教发展的漫长历史中形成的，经过了长期逐渐积累的过程。

那么可称得上是释迦牟尼佛所作的经典，即那很小的部分到底是哪些呢？按大的划分,可说是"三藏"中"经藏"部分。但"佛经"并非佛陀一人所说，更不用提后人所托所作了。所以更严格地说，《阿含经》才是佛陀所作。当然不只有《阿含》，但《阿含经》是其所作经的主要部分。

这"释迦牟尼佛所作"并不是指为佛陀亲自书写而成。释迦牟尼佛在世之时，四处奔波，说法传教，但因古印度没有文字记录，所以他的佛教学说并没有整理成文字。释迦牟尼佛入灭之后，其弟子们为了继承他的事业，采取"结集"的形式收集整理他的言论，待后来有了文字，才记录成文，成为真正的"佛典"。

佛教史上，佛经的"结集"共有四次，其中只有第一次，即由大迦叶主持，在王舍城举行，有五百比丘参加的结集，由阿难诵出的佛所说的"经"，由优波离诵出的佛所定的"律"，才比较可信确为佛所说。而其中，"律"是释迦牟尼佛规定的佛教信徒种种行为的规范。所以，只有"经"才是佛陀说法的记录，这大体就是后来成书的《阿含经》，它的作者可以说是释迦牟尼佛。

其余三次"结集"，是在佛教内部产生了分裂危机或是在分裂以后而进行的。一是距佛陀入灭的年代日渐久远，记忆口诵，会有不少误差。二是佛教内部分裂、宗派林立，各部各派在"佛说"的名义下进一步修补以往传承下来的经和律，自然就融进了各部各派的观点。所以，四次结集的结果，是佛经大大得以扩展，但相对地，"佛说"的可信程度也就降低。三是后来的结集都比较有针对性，如第二次结集由戒律问题引起，其所讨论的重心也是关于戒律。阿育王时代举行的第三次结集，是有关"三藏"中"论"的部分，这些都是佛弟子注释和发挥经藏内容的著作，已非"佛说"。第四次也主要是论藏的结集，说一切有部的宏论《大毗婆沙论》即是这次的成果。所以，能确定为是"佛说"的经典，主要保存在第一次结集所形成的《阿含经》中。作为"根本佛教"的《阿含经》堪称是如今浩瀚佛典的"主源"，而《中阿含经》自然也就是此"源"之一支了。

大小乘佛教共同之根本

　　《中阿含经》属于有部，所有的《阿含经》都是小乘经典。隋唐以来的学佛者，"以谈小乘为耻"[⑧]，故而《阿含》不被重视。

　　然而，稍微接触过一些佛教的人都会清楚：大乘佛教是从小乘佛教发展而产生的。而且"小乘"这一称呼，并不是已经规定的佛教术语，小乘佛教派别本身并不承认。

　　印度佛教史上，随着部派佛教的发展，一部分徒众，愈益走向人世间。他们使自身的生活人间化，并接纳在俗（在家）的男女为信徒，同时积极了解社会现实生活，力图使所有的人都接受佛法。大约公元一世纪到三世纪，在印度佛教内部，这种思潮就形成了一些具有新的学说、教义、思想的派别。这些派别以"普度众生"，像一艘无比巨大的船，能运载无量众生从生死此岸到达涅槃解脱的彼岸，所以是"大乘"，而把原来的原始佛教和部派佛教称为"小乘"。

　　"大乘"与"小乘"是佛教发展以后，在学说、教义、思想方面产生差别而形成的派别。从"原始佛教"而起的小乘，在佛教史上是应该肯定的。没有了小乘，大乘岂不就成了"空中楼阁"？

大乘佛教也有很多经典，著名的如《般若经》《华严经》《法华经》等。而且著名大乘学者如龙树、提婆、无着、世亲等都先后著论，阐述大乘佛教的思想，故而也产生了大批著作，从而形成了大乘的三藏典籍。但万变不离其宗，大乘佛教的学说、教义、思想自然也必须植根于佛教的根本原理。而佛教的根本原理，如"四圣谛""十二因缘""五蕴皆空""业感轮回""四念处""八正道"等都在《阿含经》中有详细的阐述。如果对这些佛教最根本的理论不能领会透彻的话，那么，"读一切大乘经论，无从索解"⑨，梁启超先生的这句话，极中肯綮。作为"根本佛教"的《阿含经》不唯是小乘之根本，也应该是大乘之根本。

中国佛教奠基石

虽然隋唐以来，学佛者多对《阿含经》不够重视，使《阿含经》多年束之高阁，但不能否认，《阿含经》在中国佛教发展史上所产生的实际作用。

首先，作为比较真实地记载了释迦牟尼佛传教活动和宗教学说的"经藏"的《阿含经》，自东汉佛教传入中国即开始不断有单本翻译，特别是自苻秦昙摩难提开译

《增一阿含经》《中阿含经》，东晋僧伽提婆等又重译修订这两部经典，姚秦佛陀耶舍译出《长阿含经》，乃至南朝宋求那跋陀罗译出《杂阿含经》；作为小乘经典丛书的四部阿含全部完成后，就比较牢固地奠定了中国佛教的基础。虽然中国佛教发展到后来是大乘佛教为主，但和印度佛教一样，大乘佛教是在小乘佛教的基础上发展起来的。《阿含经》作为"根本佛教"的意义实在重大，而《中阿含经》作为"四阿含"中"适中"的一部，自体现其同样的意义。

其次，虽然四部阿含可以看作一部大丛书，但却并非出自同一部派。《中阿含经》出"一切有部"。"一切有部"作为"小乘佛教"的真正理论代表，对中国佛教的发展影响较大。东晋佛教界的领袖"漆道人"释道安曾在长安组织译场，主持译经。翻译的重点是小乘有部论著和小乘经典。而小乘经"四阿含"中的《中阿含经》和《增一阿含经》正是在道安的赞助下翻译成功的。当时的鸠摩罗佛提曾译《四阿含暮抄解》，为四阿含经之抄解，道安为此作《四阿含暮抄序》，由此亦可见他对《阿含经》的重视。"四阿含"中的两部巨著在此时翻译成功，对当时小乘教义在汉地的流行影响很大。

道安的弟子慧远，继其师之衣钵成为东晋佛教的领袖，也很重视一切有部之学，他专门迎请僧伽提婆进匡庐，支持赞助他重新译出一切有部的"毗昙"等，从而推动了毗昙学在南方的流行，加深了人们对佛教内容的更确切的认识。而当僧伽提婆在建康受尚书令王珣之请组织译场，重译《中阿含经》时，除罽宾沙门僧伽罗叉口宣胡本《中阿含经》以外，还有两位重要的助译者：道慈和慧持。据《祐录》卷九《出经序》和《高僧传》卷六《晋蜀龙渊寺释慧持》，道慈担任笔受，慧持担任校阅。这两位都是来自庐山的高僧，是慧远的弟子。慧持⑩"校阅文言，搜括详定"，道慈曾专门作《中阿含经序》⑪。

道安与慧远的时代，是中国佛教大发展的时代，而其中一切有部之学从罽宾等地传入中华是一个重要的方面。虽然在此中，主要的内容是关于"毗昙学"的，但是，《中阿含经》作为有部的"经藏"，得以被翻译，而后又得以重译，也有着特殊的意义。

总之，《中阿含经》再加另外三部阿含的翻译成功，在中国佛教史上意义重大。我们既可从此中体会佛陀所说的基本佛法教义，也可从中了解当时释迦牟尼佛创立佛教以及苦心传教说法的历史。所以，《阿含经》既为佛学教科书，也为历史教科书。

注释：

①《祐录》也称《出三藏记集》，佛教经录，梁朝僧

祐著。

②阿毗昙也可作"阿毗达摩"（梵文 Abhidharma），或简作"毗昙"。含有二义：（一）指解说和论证佛经义理的一种体裁，成就佛教智慧的手段。主要是分析名相、阐述理论。（二）佛教经、律、论"三藏"中的"论藏"。

③参见梁启超《说四阿含》，载梁启超著《佛学研究十八篇》，中华书局一九八九年版。

④《高僧传》卷一《魏吴建业建初寺康僧会》所附"支谦"。

⑤同③。

⑥同③。

⑦同③。

⑧同③。

⑨同③。

⑩《高僧传》卷六《晋蜀龙渊寺释慧持》。

⑪载于《祐录》。

解说

《中阿含经》作为"北传四阿含"之一，主要反映了释迦牟尼佛最初传教说法的内容，论述了佛教的根本原理，阐发了佛教的基本教义。我们主要可从以下三方面进行考察。

论述四谛、缘起等基本教义，阐发无常、无我等佛教思想

　　古印度西北部迦毗罗卫国的太子乔答摩·悉达多为了寻求解脱世界苦痛的真理，抛弃了王位，离开了世俗之家，出家修行。六年苦修，历经艰辛，未得获悟。最后他跳进尼连禅河中沐浴，一洗六年积垢。又受牧女供养的羊奶，恢复了气力。然后在金刚座上菩提树下，铺

草打坐，并发誓道："我如不证到无上大觉，宁可让此身粉碎，终不起此座。"他便这样在树下澄思静虑，七天七夜后，终于战胜了最后的烦恼魔障，豁然开朗，大彻大悟，从此被尊称为释迦牟尼佛，成了具无上大觉的佛陀。

佛陀证悟成道以后，首先在波罗奈城外的鹿野苑，向憍陈如等五人宣传佛法。他以浅显的语言、生动的譬喻，向人们阐述人生的苦恼、无常、生死轮回的无穷无尽，分析人生之所以苦恼的原因，证实涅槃寂静境界的奥妙和喜乐，并向他们指出解脱轮回、永离苦海、通往涅槃彼岸的修行之路。这就是佛教史上所记载的释迦牟尼成佛后的"初转法轮"。释迦牟尼佛向憍陈如等五人所宣说的就是"苦、集、灭、道"四圣谛之理。

从此，佛陀开始了长达四十五年的说法传教活动，为了他的思想学说能让别人理解和接受。这一次次的过程，一个个的方面，所要表达的就是佛教的根本道理：人生是"无常"的，充满了痛苦。唯有信奉佛教，努力修行，才能彻底摆脱生老病死苦恼，进入"涅槃"境界。这些根本道理，是通过四圣谛、八正道、缘起、十二因缘、四禅、六界、十八意行等基本教义表现出来的。

《中阿含经》和其他"三阿含"一样，每一小经就是佛陀一次说法的实录，那么，有关基本教义的部分就必定是其中的重要的内容。例如：

《中阿含经》卷七《舍梨子相应品》中的《分别圣谛经》和《象迹喻经》①，就专门阐述佛教教义的最根本内容：苦、集、灭、道"四圣谛"。在这里，何为苦谛，何为集谛，何为灭谛，何为道谛，都一一详论细析。如讲"苦谛"时，先指出"苦"有八：生苦、老苦、病苦、死苦、怨憎会苦、爱别离苦、所求不得苦、略五盛阴苦。然后又对此"八苦"详加论述。如"病"就有"头痛、眼痛、耳痛、鼻痛、面痛、唇痛、齿痛、舌痛、腭痛、咽痛、风喘、咳嗽、噫吐、喉痹、癫痫、痈瘿、经溢、赤胆、壮热、枯槁、痔瘘、下痢"种种，"若有如是比余种种病，从更乐触生，不离心，立在身中，是名为病"。以下又详叙关于"病苦"。就这样，方方面面，反复诠释，可谓备矣。后汉·安世高早就译有《佛说四谛经》，可看作《中阿含经》的别出异译，也可见译师们对"四谛"基本教义的重视。正如经中所言："犹如诸畜之迹，象迹为第一。所以者何？彼象迹者最广大故。……无量善法、彼一切法，皆四圣谛所摄，来入四圣谛中。谓四圣谛于一切法最为第一。"以象迹来喻四谛在佛法教义中的重要，贴切、形象、明白、易懂。

又如，卷四十四《根本分别品》中的《鹦鹉经》，记述了佛陀为鹦鹉摩纳都提子的一次说法过程，以解说白狗前世为摩纳之父之由，引出相关的问题，为什么同为众生，共受人身，但却有高下优劣之别：有的短命，有的长寿；有的健康，有的多病；有的丑陋不堪，有的貌端体正；有的威德俱全，有的无威无德；有的出生高贵，有的出生低贱；有的有钱有财，有的贫穷无比；有的聪明有智，有的蠢笨无知……世尊针对这些问题，做了详细的解答。综合全部而归纳为：众生"因自行业，因业得报。缘业、依业、业处，众生随其高下处妙不妙"。这里主要阐述的就是因惑造业、因业得报的道理。

所谓"业"，简单地说，就是行为（身业）、言语（口业）、思想（意业）的活动。众生因为烦恼而造种种"业"。烦恼和业引生未来或为天人，或为人，或为地狱、饿鬼、畜生的身心，于是又起烦恼，又造业，又生身心，生死轮回，没有休歇。但是，身、口、意所造之业有善恶之分，善业恶业不同，其所招引的后果也不同，所谓善业得善报，恶业得恶报。现世人身的种种差别，均因前世所造之业的善恶而定。用一句俗语就是"善有善报，恶有恶报"。佛教的基本理论"因果报应"说的就是：任何思想行为，都必然导致相应的后果，这就是"因业得报"；而且佛教还强调：众生一切苦乐、违顺等果报，都是自己善恶业力所感召的，这就是"自因自果"。

又如卷四十《梵志品》中的《阿兰那经》，佛以种种譬喻，反复宣说，主要就是为了阐明一些基本的道理：

人生极为短暂，"生无不死"，故"应做善事，应行梵行"。释迦牟尼佛所创造的佛教学说的基本出发点就是：人生是"苦"，犹如经中反复提到的"大苦灾患，灾患甚多"。那么要解脱人生的痛苦，就必须出家修道，断除欲念，这就是"应行梵行"。当然这是对出家比丘而言。若是在家居士，只要相信佛教，按佛所说而行，净心修行，自也可通过自己的努力修持而得到解脱。而净心修持的一个最基本的方面，就是行善戒恶。如前所曰，佛教"三世因果""业感轮回"的理论，强调现今世界人们的贫富穷达，都是自身前生所造善恶诸业决定的结果；今生的善恶行为，亦必导致后生的罪福报应。故而多行善事，不做坏事，就应是人们在短暂的一生中所遵循的最基本准则，即如经中所言"应行善事"。

以上所提到的一些佛教基本理论和净心修持、多行善事等基本主张，又都是从佛教的"缘起论"这个泉源中流出来的，"诸法由因缘而起"。这是佛教的根本原理。在《中阿含经》中，类似的内容很多，从不同的角度、不同的方面，阐述了由此根本泉源流出的各分支。

今天，我们除了通过学习《中阿含经》来了解、掌握这些佛教的基本理论和基本教义外，还可以通过此来提高自己的个人修养，完善人们的精神境界。因为我们可以看出，以上所提到的缘起、四谛、业报、因果等佛教基本理论与主张，都体现出佛教极为重视个体道德的自我修养，强调主体人格的自我完善。这无论是在过去还是现在，都有着积极的意义。也无论是对个人还是对社会，都有着根本的好处。现代社会所提倡的"人间佛教"，就应该是从早期佛教的这些基本理论与主张发展而来的。人间佛教的主要内容是：五戒、十善，也就是号召社会的每一位公民首先严格要求自己，自己先争取做一个清白正直的善良的好人。如果人人都能这样，人民就会康乐幸福，世界就会平安和宁。这是人们的愿望，而按佛教的主张，可以实现这种愿望。其意义是多么深远！人生是短暂的，如何在短暂的一生中，多做好事，多行善行，这是摆在每一位修行向善的现代人面前的问题，这也是佛陀在两千多年以前就向人类发出的号召。

通过譬喻，反映原始佛教的一些观念

根据现代学者的考证，佛典的最早组织法，恐怕是"九分教"②（九部经）和"十二分教"③（十二部经），即经、律、论并不绝对分家。无论是九分教，还是十二分教，"譬喻"都是其中重要的一种。用譬喻的方式表达反映许多原始佛教观念，这是佛最初说法的重要形式，也即为《中阿含经》所记录的重要内容。《中阿含经》中记录佛用譬喻而说法的地方很多，如前所提到的《阿兰那经》就是一小段一小段的譬喻组成的。卷四十九《双品·阿夷那经》中阿难尊者就说道："诸贤，听我说喻，慧者闻喻则解其义。"这就极为明确地道出了佛教以譬喻的形式宣传佛法教义的特点。《中阿含经》中以"喻"冠之于经名的就有十三部，而在其他的经中，譬喻的运用亦比比皆是，随处可见。

譬喻运用最有名的是《箭喻经》。此经还有另一别译本，失译人名，附东晋录。可见，当时人对此经是很重视的。

卷六十《例品·箭喻经》通过一系列的譬喻，反映了原始佛教的一些基本观念。其中说到佛在胜林给孤独园说法传教时，弟子中有一位叫鬘童子的，聪慧异常，善于思考。经过静坐思惟而后，他来到佛所，向佛提出了一系列的问题：世界在时间上是常住的还是无常的？在空间上是有限的还是无限的？灵魂与肉体是同一的还是分离的？如来是否是永生的？……这些问题共有十四个。如来针对这些问题，做譬喻说：如果有一个人中了毒箭，极为危险痛苦。其亲人为使其解除痛苦，便立即请来箭医，要把他身上的毒箭拔出来。但这位中箭者却又不急着先拔箭，他要弄清：射箭人的姓和名，是什么样的人？射箭的弓是木制的还是角制的？箭头、箭杆、弓身、弓弦等又怎么样？造箭的匠师姓什么名什么？是什么样的人？……如果不先弄清了这些问题就不拔箭。佛陀告诉人们：如果要等解决了这些问题再拔箭，"于其中间而命终也"。同样如此，像鬘童子那样一味地执着的那些问题，如果佛陀不为他一一解释清楚的话，他就不再跟从世尊修习梵行，那么，"于其中间而命终也"。佛陀对鬘童子的问题没有给予肯定或否定的回答，因为"此非义相应，非法相应，非梵行本，不趣智、不趣觉、不趣涅槃"，属于"不可说"的内容。佛陀认为"不可说者则不说，可说者则说"。所谓"可说者"，如苦、集、灭、道"四圣谛"，佛陀是一直、反复地讲说。这反映了原始佛教思想重视实践、重视解决人生实际问题的品格。

这样的譬喻，非常生动，对人很有启发。既能体现出佛陀当年善用譬喻、循循善诱、生动说法的方式，也反映了原始佛教的一些基本观念。类似这样的内容，也是《中阿含经》的重要部分。而从此中，我们既可了解早期佛典的一些基本形式，也可通过这种形式对原始佛教的一些基本观念有明确的认识。

述说各种修持法及解脱法，以及它们与涅槃解脱之间的关系

这是此经的重点，也是此经的难点。但因有些部分

译文拙涩，名相繁重，解释不易，故本书相对选得少些。但也有不少内容都曾涉及。如卷二十八《林品》中的《优陀罗经》，经虽不长，但却谈到了比丘修持中的许多重要问题：比丘正观、比丘觉，比丘要知六更触，要以慧知如真等等。又如，卷三十《大品》中的《优婆塞经》就记录了佛向众位居士讲说如何精勤修持五戒，从而获得四增上心的过程。除此以外，他如《鹦鹉经》《须闲提经》《婆罗婆堂经》《须达哆经》《梵波罗延经》《黄芦园经》《头那经》《梵摩经》等经也主要述说居士等的修行问题。这对现代信佛崇佛的在家居士是很重要的，既可了解早期佛教居士们的修习生活，也可指导自己在家的修习方法，进一步坚定学佛的信念、信心，"受持圣法"，"自念尸赖"，修持五戒，常念正觉，思维善法，心静常定，一心布施，修善除恶……一样样坚定不移地做下去，也定能得升善处，获得涅槃。

由于《中阿含经》全部共达二百二十二部，要明确地将其分类并不很容易。有的一部经涉及了好几方面，有的互有联系，再加佛教理论本身也是密切相关相联的，所以不能割裂。这二百二十二部经的内容之丰富当然远远超过我们以上所说的三点，如《说本经》《转轮王经》等，是述说弥勒佛本事的；《雨势经》《瞿默目犍连经》等，是述说佛弟子皈依等事的；《瞻波经》《阿修罗经》

等，是述说佛史故实的，故可以说，其内容是涵容了早期佛教方方面面的。今天我们要探研佛教的基本教义，想回顾佛教的历史渊源，欲了解早期佛教的活动情况，不读《中阿含经》怎么行！

因以上三方面实不足以概括《中阿含经》丰富的内容，受篇幅的限制，所选也只有二十部经，不足全经的十分之一。为了方便读者学习，下面将其主要经名刊出，并做简单分类，读者可根据自己学佛的需要，继续学研。

《中阿含经》④共五诵十八品，二百二十二部。初一日诵五品半，含六十四经：《善法经》《昼度树经》《城喻经》《水喻经》《木积喻经》《善人往经》《世间福经》《七日经》《七车经》《漏尽经》等十经，说七种法数及有关问题；《盐喻经》《和破经》《度经》《罗云经》《思经》《伽蓝经》《伽弥尼经》《师子经》《尼乾经》《波罗牢经》等十经，说有关十善业与十不善业等法；《等心经》《成就戒经》《智经》《师子吼经》《水喻经》《瞿尼师经》《梵志陀然经》《教化病经》《大拘絺罗经》《象迹喻经》《分别圣谛经》等十一经，主要为舍梨子所说，或与其相关者；《未曾有法经》《侍者经》《薄拘罗经》《阿修罗经》《地动经》《瞻波经》《郁伽长者经》《手长者经》等十经，说佛史故实；《何义经》《不思议经》《念经》《惭愧经》《戒经》《恭敬经》《本际经》《食经》《尽智经》《涅槃经》《弥醯经》

等十六经，述说守戒乃得解脱之旨；《七宝经》《三十二相经》《四洲经》《牛粪喻经》《频鞞娑罗王迎佛经》《鞞婆陵耆经》《天使经》等十四经，述说业报等旨。

　　第二日诵有四品半，合有五十二经：《乌鸟喻经》《说本经》《大天捺林经》《大善见王经》《三十喻经》《转轮王经》《蜱肆经》等十四经，说弥勒佛本事等；《长寿王本起经》《天经》《八念经》《净不动道经》《郁伽支罗经》《娑鸡帝三族姓子经》《梵天请佛经》《有胜天经》《迦絺那经》《念身经》《支离弥梨经》《长老上尊睡眠经》《无刺经》《真人经》《说处经》等十五经，述说修行成道等事；《秽品经》《求法经》《比丘请经》《知法经》《周那问见经》《青白莲花喻经》《水净梵志经》《黑比丘经》《住法经》《无经》等十经，述说求法诸事等；《大因经》《念处经》《苦阴经》《增上心经》《念经》《师子吼经》《优昙婆罗经》《愿经》《想经》等十经，述说解脱法等；《林经》《自观心经》《达梵行经》《阿奴波经》《诸法本经》《优陀罗经》《蜜丸喻经》《瞿昙弥经》等十经，述说修持法等。

　　第三日诵有一品半，含有三十五经：《柔软经》《龙象经》《说处经》《无常经》《请请经》《瞻波经》《沙门二十亿经》《八难经》《贫穷经》《行欲经》《福田经》《优婆塞经》《怨家经》《教昙弥经》《降魔经》《赖吒惒罗经》《优婆离经》《释问经》《善生经》《商人求财经》《世间经》

《福经》《息止道经》《至边经》《喻经》等二十五经，述说从善戒恶等事；《雨势经》《伤歌逻经》《算数目犍连经》《瞿默目犍连经》《象迹喻经》《闻德经》《何苦经》《何欲经》《郁瘦歌逻经》《阿摄恕经》等二十经，述说佛弟子归依等事。

第四日诵有三品，含三十六经：《鹦鹉经》《须闲提经》《婆罗婆堂经》《须达哆经》《梵波罗延经》《黄芦园经》《头那经》《阿伽罗诃那经》《阿兰那经》《梵摩经》等二十经，述说居士等修行；《分别六界经》《分别六处经》《分别观法经》《温泉林天经》《释中禅室尊经》《阿难说经》《意行经》《拘楼瘦无诤经》《鹦鹉经》《分别大业经》等十经，述说定、灭等旨；《心经》《浮弥经》《受法经》《行禅经》《说经》等六经，述说禅法等。

第五日诵有三品半，含三十五经：《阿夷那经》《大空经》《小空经》《迦楼乌陀夷经》《牟梨破群那经》《阿湿贝经》《持斋经》《罗摩经》《一切智经》《爱生经》《八城经》《箭喻经》等，述说修行诸法等。全部约五十二万言。

以上亦只是主要，而非全部；也只能大致类归，而不能明确分排。有志学研此经的读者朋友，还须自己多多努力，精进不懈，知难而进，"百尺竿头，更进一步"才是。

这是我写这本小书的心愿，愿与读者朋友共勉。

注释：

①这二部经因名相术语比较烦冗，故本书未选。

②关于小乘"九部经"，有不同说法。我们取"九部经"为：一、修多罗（Sūtra，契经），即经典中的长行直说；二、祇夜（Geya，重颂、应颂），与修多罗相应，重宣教义，采用颂体；三、伽陀（Gāthā，讽颂、孤起颂），采用偈的文体组成经文；四、尼陀那（Nidāna，因缘），记述佛说法教化的因缘，如诸经的序品；五、阿波陀那（Avadāna，譬喻），经文中的譬喻部分；六、伊帝目多伽（Itivṛttaka，如是语经），即"本事"，佛说弟子过去世因缘的经文；七、阇陀伽（Jātaka，本生），佛说自己过去世因缘的经文；八、阿浮陀达磨（Adbhutadharma，未曾有），记佛显现种种神通的经文；九、优波提舍（Upadeśa，论议），问答和论议诸法意义的经文。

③十二分教即在九部经上再加：一、和伽罗那（Vyākaraṇa，授记），佛给菩萨预言成佛的经文；二、优陀那（Udāna，无问自说），无人发问，佛自宣说的经文；三、毗佛略（Vaipulya，方广），佛说方正广大的道理的经文。

④参考任道斌主编《佛教文化辞典》，浙江古籍出版社一九九一年版。

出版后记

　　星云大师说："我童年出家的栖霞寺里面，有一座庄严的藏经楼，楼上收藏佛经，楼下是法堂，平常如同圣地一般，戒备森严，不准亲近一步。后来好不容易有机缘进到藏经楼，见到那些经书，大都是木刻本，既没有分段也没有标点，有如天书，当然我是看不懂的。"大师忧心《大藏经》卷帙浩繁，又藏于深山宝刹，平常百姓只能望藏兴叹；藏海无边，文辞古朴，亦让人望文却步。在大师倡导主持下，集合两岸近百位学者，经五年之努力，终于编修了这部多层次、多角度、全面反映佛教文化的白话精华大藏经——《中国佛教经典宝藏》，将佛教深睿的奥义妙法通俗地再现今世，为现代人提供学佛求法的方便途径。

　　完整地引进《中国佛教经典宝藏》是我们的夙愿，

三年来，我们组织了简体字版的编审委员会，编订了详细精当的《编辑手册》，吸收了近二十年来佛学研究的新成果，对整套丛书重新编审编校。需要说明的是此次出版将丛书名更改为《中国佛学经典宝藏》。

佛曰：一旦起心动念，也就有了因果。三年的不懈努力，终于功德圆满。一百三十二册，精校精勘，美轮美奂。翰墨书香，融入经藏智慧；典雅庄严，裹沁着玄妙法门。我们相信，大师与经藏的智慧一定能普应于世，济助众生。

东方出版社